密云县精细化社会服务管理创新之路

——立体分类式网格化体系建设的探索与实践

北京市密云县社会组织联合会

中央民族大学出版社
China Minzu University Press

图书在版编目（CIP）数据

密云县精细化社会服务管理创新之路——立体分类式网格化体系建设的探索与实践/北京市密云县社会组织联合会编.—北京：中央民族大学出版社，2014.7

ISBN 978-7-5660-0753-7

Ⅰ.①密… Ⅱ.①北… Ⅲ.①社会服务—社会管理—创新管理—研究—密云县 Ⅳ.①D669.3

中国版本图书馆 CIP 数据核字（2014）第 149304 号

密云县精细化社会服务管理创新之路

——立体分类式网格化体系建设的探索与实践

主　　编　北京市密云县社会组织联合会
责任编辑　舒　松
封面设计　布拉格
出 版 者　中央民族大学出版社
　　　　　北京市海淀区中关村南大街 27 号　邮编：100081
　　　　　电话：68472815（发行部）传真：68932751（发行部）
　　　　　　　　68932218（总编室）　　　　68932447（办公室）
发 行 者　全国各地新华书店
印 刷 厂　北京时代华都印刷有限公司
开　　本　880×1230（毫米）　1/32　印张：6.875　彩页：8 页
字　　数　180 千字
版　　次　2014 年 7 月第 1 版　2014 年 7 月第 1 次印刷
书　　号　ISBN 978-7-5660-0753-7
定　　价　25.00 元

前　言

2010年以来，密云县委、县政府紧紧围绕“三个走在前列”的奋斗目标和“绿色国际休闲之都”的发展定位，高起点规划，大力度推进，创造性提出并构建了立体分类式网格化社会服务管理新体系，走出了一条具有时代特征、首都特色、密云特点的社会服务管理新路径。

这四年来，网格化体系建设加快推进、加快覆盖、加快向纵深发展！县、镇、村、网格四级立体工作层级联动运转，网格化与应急指挥、非紧急救助、综治维稳四中心融合贯通，依托政务网、视频监控网、电话通讯网、“村村响”广播网的网格化信息系统建成运行，县、镇、村“三级联动”的便民服务体系覆盖城乡，“全社会、多领域、多层次、长效化”的网格化志愿服务模式深入推进，公、检、法、民政、市政、城管等47个职能部门与网格化体系深度融合，1.8万名党员、村居民代表、协管员、机关干部等各方力量在覆盖全域的5204个网格内，开展精细管理，提供贴心服务。

这四年来，网格化工作领域不断拓宽、机制不断健全、成效不断显现，全县市容环境更加整洁，社会更加和谐稳定，政务服务、便民服务和公益服务更加贴心便利，应急处置更加及时到位，得到了群众的高度认可，刘淇、郭金龙、王安顺、梁伟、陈刚等领导先后到密云调研网格化工作并充分肯定，市高法、市委社会工委等部门在密云召开全市现场会推广网格化经验做法。四年来，涉及环境建设、综治维稳、社区服务、应急管理等方面的

12大类76小项80余万件事件在网格内得到解决，环境卫生评比连续名列生态涵养发展区前茅，群众的安全感、满意度持续保持全市前列。网格化已经成为密云县社会服务管理创新的新名片！

在全县上下深入开展党的群众路线教育实践活动，推动网格化体系向纵深发展，实现社会管理向社会治理转变的新形势下，为客观记录四年多来密云网格化体系从试点、建设到运行、深化的发展轨迹，全面总结网格化工作的有益经验，同时也为社会建设工作者提供便捷的资料查询手段，我们会同密云县委社会工委、县社会办负责这项工作的同志系统整理了与网格化有关的重要领导讲话、调研报告、经验总结等各类材料，分为试点探索、全面推广、融合完善、纵深发展四个部分，汇编成书，同时还选取了若干重要文件收于附录，以供各方参阅。由于时间紧迫，加之我们的编写水平有限，工作中难免存在不足和疏漏之处，敬请批评指正。

编　者

2014年5月

目　　录

第一部分：试点探索阶段
（2010 年 6 月至 2011 年 6 月）

第二部分：全面推广阶段
（2011 年 6 月至 2012 年 6 月）

第三部分：融合完善阶段

(2012 年 6 月至 2013 年 6 月)

第四部分：纵深发展阶段

(2013 年 6 月至今)

附录：重要文件选编

第一部分　试点探索阶段

（2010年6月至2011年6月）

2010年下半年，按照县委提出的“社会建设努力走在全市郊区前列”的奋斗目标，针对新形势下社会服务管理面临的新情况、新问题，密云县全面总结“四级平台、六项机制”综治维稳模式①、“六护”管理机制②、志愿服务做法等工作经验，立足辖区农村地域广阔、山场面积大、农民居住分散的特点，提出了构建立体分类式网格化社会服务管理体系的总体框架。随后在东邵渠镇、石城镇、不老屯镇、穆家峪镇开展试点，这四个农村乡镇情况不一、管理侧重点不同，在全县很有代表性。东邵渠镇地处密云、顺义、平谷三区县交界地带，出入境人员和车辆多，侧重社会治安整治和农村便民服务工作；石城镇山场面积大、旅游景点多，侧重景区环境整治和旅游服务工作；不老屯镇紧邻密云水

① “四级平台、六项机制”是密云县在奥运和国庆安保工作中探索形成的一套综治维稳工作模式，在维护社会和谐稳定方面发挥了重要作用。其中“四级平台”是指县维稳矛盾调处会商联席会、镇（街）综治维稳中心、村（社区）和谐创安自治协会（商管协会）、平安家庭等四级平台，“六项机制”是指网格化管理、社会管理科学决策、信访表达、社会治安立体防控、应急管理、责任追究等六项机制。

② 密云县是首都的重要饮用水源基地，为落实保水第一责任，密云县建立了护水、护河、护山、护林、护地、护环境的“六护”机制，动员群众参与，全面实施密云水库周边环境综合整治。

库，矿产资源丰富，侧重“六护”和打击盗采盗运工作；穆家峪镇地处城乡结合部，侧重流动人口管理和服务工作。通过先行试点，着力改革社会服务管理体制机制，整合资源力量，重塑工作流程，探索符合密云实际的精细化社会服务管理新方式。

2011 年 6 月 1 日，密云县石城镇创新社会服务管理工作会

县领导检查农村网格化社会服务管理工作

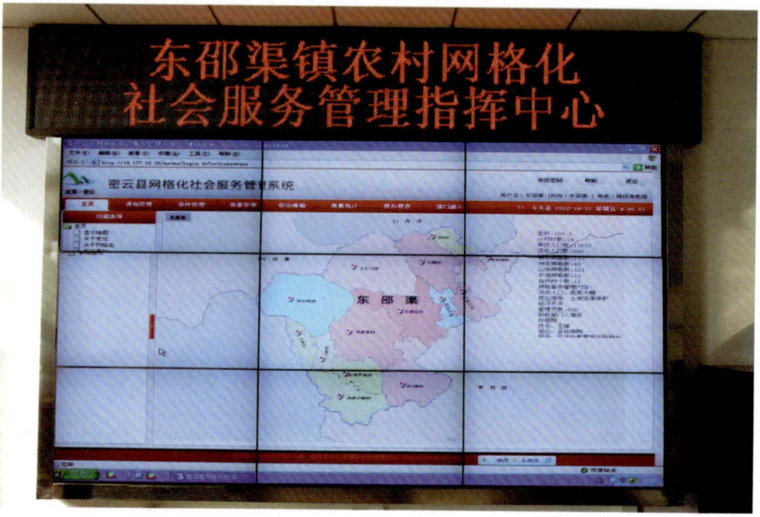

东邵渠镇网格化社会服务管理指挥中心

社会管理员在社区网格进行巡查

关于密云县创新社会服务管理模式的研究[①]

王玉江

（2011年1月）

十七届五中全会指出，“要加强和创新社会管理，健全基层管理和服务体系”，县委十一届九次全会提出了“三个努力走在前列”的奋斗目标。在新的形势新的要求下，如何建立起一套科学完善、集约高效且具有密云特色的社会服务管理体系与运行模式，是落实中央五中全会精神，确保我县“社会建设努力走在全市郊区前列”的重要举措。为此，我们就这一问题以县城社区为重点进行了深入调研，提出了我县今后社会服务管理的基本思路和运行模式的初步设想。

一、我县社会服务管理存在的主要问题

1. 服务管理体制机制运转不畅。在县级层面缺乏统一指挥平

① 此文作者王玉江时任中共密云县委副书记。2009年12月召开的县委十一届九次全会确立了“三个走在前列”的奋斗目标，提出社会建设要努力走在全市郊区前列。按照这一目标要求，2010年6月至10月，县领导牵头组织社会工委、研究室及各街道有关负责同志就创新社会服务管理模式进行了专题调研，提出了密云县开展网格化社会服务管理工作的基本思路。本文就是此次调研的总结报告，原载于《密云调研》2011年第6期。

台，遇到商业网点建设、老旧小区改造、社区办公用房等一些重大问题，处理过程复杂，政府服务管理效能不高。在职能部门和街道层面缺乏统筹协调机制，导致“条”和“块”不能有机结合，关系不够理顺，责任不太清楚，相互推诿现象时有发生。

2. 服务管理资源缺乏有效整合。目前，在县城社区有三个相对独立的公共服务信息网络，即：96156 公共服务热线、电子保姆和网格化管理信息平台。由于资源缺乏有机整合、信息不能共享，造成资源浪费、效率不高。社区协管员队伍种类较多、数量较大，而发挥作用有限。仅鼓楼、果园两个街道就有计生、司法等 13 类 1041 名社区协管员，他们中有 80%以上在社区服务站办公室工作，任务单一，各行其是，没有发挥最大效用。另外，目前网格管理巡查员人力不足、使用设备落后，再加之责任划分不清，导致网格化管理功能弱化，降低了服务管理职能。

3. 服务范围窄、覆盖率低。目前，我县按照《北京市社区基本公共服务指导目录》的 60 项服务要求，政府职能部门和社会各类服务主体提供的服务项目比较少，不能满足群众多样化的服务需求。如心理健康咨询、为社区老年人（残疾人）提供安全配餐、居家精神关怀、科普画廊宣传服务、社区菜市场等便民商业服务、社区代收代缴等 10 余项服务亟待加强。另外，目前便民服务网络覆盖面较小，许多社区居民还不能享受及时便捷的服务。2009 年以来，政府出资为果园街道和鼓楼、檀营地区等部分试点社区的老干部、空巢老人、残疾人家庭免费安装了电子保姆，共 1654 户，仅占全县城区居民总户数的 2. 36%。

4. 物业服务管理水平亟待提高。目前，我县城区登记注册和自建自管的物业公司共 50 余家。由于多年体制机制问题没有得到根本解决，大部分物业公司市场化程度不高，服务意识不强，服务项目不全，服务质量不到位，居民满意度较低。一些物业公司在为业主提供上门服务时还加收非材料以外的费用，引起居民不满；一些应由物业公司负责的绿化、亮化、硬化等基础设施工程，有的却由政府出资建设，将负担转嫁给了政府；小区内治安状况不能得到有效控制，小商小贩等人员进出无序，丢车等事件得不到有效解决，居民意见较大。

5. 缺乏对外来人口的有效管理和服务。近两年，随着我县产业发展步伐的不断加快，外来人口数量明显增加，他们主要分布在县城和城乡结合部。由于我们相应的管理措施未能跟上，对他们的工作、居住和生活情况不能及时动态掌握，给社会管理带来一定困难。

二、创新社会服务管理的基本思路和运行模式

根据外地的成功经验，结合我县实际情况，本着解放思想、大胆探索的要求，理清基本思路，创新运行模式，全面提升社会服务管理水平。

（一）基本思路

综合运用公共管理理念、现代信息手段和现代管理技术，按照“党委领导、政府负责、社会协同、公众参与”的要求和“保基本、广覆盖、多层次、可持续”的工作思路，本着“条块结合、联动管理、资源整合、优质服务、智能高效、评价科学”的原则，对社会服务管理体制进行改革，对管理体系进行完善，对管理流程进行改进，对管理手段进行创新，着力打造“信息现代化、指挥科学化、服务多元化、监督规范化”的“四化”社会服务管理新模式，构建智能化社会服务管理体系，努力使社会建设走在全市郊区前列。

（二）加强社会服务管理的“四化”运行模式

1. 信息现代化。建立县、街道（以后逐步向农村社区延伸）、网格三级信息网络，把人、地、事、物、组织全部纳入数字化服务管理范畴，形成全覆盖的信息网络格局。

县级：建立县社会服务管理信息网络指挥中心（二级半事业单位），由政府督查室主任兼任中心主任。将街道社会服务管理信息网络中心数据库系统的基础信息和动态事件管理信息，通过服务器输送到县指挥中心网络终端（电视墙、电子地图和电脑），建立全县统一的社会服务管理终端集成信息系统数据库。该系统包括基础信息、动态事件管理、统计分析与监督评价三大子系统数据库，全面准确获取全县社会服务管理的各类信息。中心将所收到的信息进行分类、筛选、分派。一般问题直接分派相关部门进行处理，重大问题及时向县社会建设领导小组上报。确保信息双向、及时、高效、无障碍传递。

街道：整合96156公共服务热线、社区服务网站、电子保姆、网格管理中心等资源，建立街道社会服务管理信息网络中心。建立人、地、事、物、组织相对应的动态信息管理数据库，通过网络系统分别同县指挥中心和网格实现基础信息、事件管理、统计分析与监督评价的有效对接；负责辖区内相关信息的分派、上报；及时解决本级能够办理的服务事项，不能办理的上报县指挥中心。

网格：按照“织密网格、无缝管理”的原则，科学划定各街道网格，更新巡查员采报信息设备，建立以网格基础信息为源信息的信息采集报送平台。通过运用手机采录、视频监控等现代化信息技术手段，精准、及时地将网格内各类动态信息向街道信息网络中心传送，提高工作效能。

2. 指挥科学化。对社会服务管理问题的决策和处置实行县、街道两级指挥。

县级：由县社会服务管理信息网络指挥中心和县社会建设领导小组两个层面构成。县指挥中心通过政府授权对全县的社会服务管理工作进行管理；协调解决街道信息网络中心难以办理的服务管理事项；指派职能部门完成相关服务管理工作；对职能部门完成分派任务情况进行统计分析，定期上报县社会建设领导小组。县社会建设领导小组负责协调解决县指挥中心难以办理的重大社会服务管理事项，指导县指挥中心开展工作。

街道：由街道办事处统一领导街道社会服务管理信息网络中心工作。负责研究制订本街道社会服务管理工作的计划、重点任务及保障措施；组织召开与各职能部门的会商会议，协调处理本街道社会服务管理重要事项；及时向县社会建设领导小组和指挥中心反馈社会服务管理中一些重大问题的处理情况；指导社区服务站、商管协会、志愿者组织等开展工作；定期组织开展本街道居民服务需求调查，研究设定与居民需求相适应的社会服务管理形式和项目。接受县指挥中心的工作调度，形成县、街道两级良性循环。

3. 服务多元化。建立由职能部门、社区、商管协会、志愿者组织等各类社会主体共同参与的多元服务新格局。

职能部门：县政府各职能部门要认真履行城市服务管理职能职责；接受县指挥中心分派的任务；将分派任务的处理结果及时向县指挥中心反馈。

社区：社区服务站接受县指挥中心和街道信息网络中心指挥；及时了解社区居民的服务需求，研究制订本社区服务管理工作计划、重点任务及保障措施；将本级难以办理的居民服务事项，及时上报街道信息网络中心；整合加盟服务商，完成入户初审，报上级信息网络中心备案。

商管协会：负责建立并及时更新辖区内商户信息档案库，上报街道信息网络中心；发动组织入会商户参与社会服务；监督商户经营行为，定期开展辖区居民对商户满意度调查，调查结果向居民和商户反馈；对入会商户进行礼仪规范、服务技能等方面的培训，增强商户服务意识，提升服务质量。

志愿者组织：按照建设“全社会、多层次、多角度、有特色”的志愿服务体系要求，建立健全不同职业、不同年龄的各类志愿者服务队伍，积极参与党的建设、经济发展、生态保护、慈善救助、文体生活、道德法制、抢险应急、对外服务等八大领域的志愿服务工作。

4. 监督规范化。建立健全监督考评机制，由县级负责对职能部门及各类社会服务管理主体进行监督评价，形成从信息收集、分派执行到监督反馈的全过程监管考核体系。研究制定《密云县社会服务管理综合监督考评体系和考核办法》，细化考核标准，确保监督考核体系的科学性和规范性。采取个案评价、网络调查、短信互动、民意问卷、日常考核等多种形式，不定期对职能部门、街道、社区、商管协会、物业公司、志愿者组织等各类服务主体进行监督考核，将量化结果作为年终对各职能部门、街道、社区等主体进行考核的依据之一。

三、下一步的主要工作

（一）积极争取资金，建立健全三级智能化社会服务管理平台

构建三级智能化社会服务管理平台需要开通密云服务热线，建立密云社区社会服务管理网站，购买电子保姆呼叫器，改造升级现有城镇网格管理系统，更新网格巡查员采报信息设备，建立网格巡查员手机定位系统。初步估算，搭建县、街道、网格三级智能化社会服务管理平台需要投入的资金约 1458 万元，每年运

行维护费用约486万元。由于投入资金数额较大，应加快包装立项争取市相关部门支持。

（二）整合人力资源，开展各类培训

一是整合社区各类协管员队伍，成立社区服务管理公司，对人员统一调度、统一管理、统一考核、统一报酬，充分发挥各类协管员的作用；二是整合志愿者队伍，按照“居民所需、志愿者能为”的要求，提供相应的志愿服务；三是整合专职社区工作者队伍，规范服务，在考虑工作量的前提下实现一人多岗，剩余工作人员纳入到座席员队伍统筹管理。对智能化社会服务管理的工作人员进行网络技术、政务礼仪、专业技能等方面的培训，提高服务管理质量。

（三）结合我县实际，编制社区社会服务管理手册

在《密云县基本公共服务指导目录》和《密云县社区规范化建设标准》的基础上，通过入户走访、发放问卷、网络调查等多种形式对居民的实际需求和职能部门、商管协会、志愿者组织等提供的服务进行甄选，编制《密云县社区社会服务管理手册》，定期进行调整、更新，逐步扩大服务面和服务种类，满足居民不断变化的实际需求。

（四）规范物业公司管理，提高服务水平

严格按照《北京市物业管理办法》的要求，充分发挥社区居委会组织协调、主管部门行业监督、业主委员会服务管理、物业企业服务的作用，建立“社区居委会、主管部门、业主委员会、物业企业”四位一体的物业管理模式。由主管部门牵头，街道组织，以居民小区为单位，理清现有物业服务项目、标准和收费情况，剔除政府出资代为服务或业主自行出资解决的服务项目。根

据业主物业服务需求，以满足大多数业主意愿为目的，确定物业服务项目，并结合地区经济发展水平制定收费标准。从确定物业服务项目、规范物业服务等级、改革价格形成机制、公布物业成本信息、引入物业服务评估监理机制等方面入手，提高社区物业管理水平。

此外，在老旧小区改造方面，针对目前“责权、事权、财权”不统一的现状，应本着有利于管理的原则，将政府改造小区资金直接拨付街道管理使用。

（五）加强流动人口管理

按照“以证管人、以房管人、以业控人”的要求，严格控制外来人口机械增长，不断优化人口结构。以社区为单位，及时将流动人口的信息情况输入街道信息网络中心数据库与县指挥中心共享，全面掌握我县流动人口动态情况。健全和完善流动人口权益保障机制和公共服务体系，创造和谐融洽的生活环境，增强流动人口的认同感和归属感。要把控制流动人口数量作为政府对街道和各镇的一项重要考核内容。

密云县立体分类式网格化社会服务管理体系建设构想[①]

县委社会工委 张志华 纪海明 马海涛

（2011 年 1 月）

随着我县经济社会的快速发展，当前的社会管理方式已经不能适应建设绿色国际休闲之都和宜居城市的发展要求，无法确保“社会建设走在郊区前列”目标的实现，因此，建立一套精细化、网格化的社会服务管理新体系已迫在眉睫。

一、立体分类式网格化社会服务管理体系建设的基本思路与目标

（一）基本思路

按照“党建全覆盖、管理无缝隙、服务高质量”的工作思路，本着“条块结合、联动管理，资源整合、精准服务，权责明晰、评价科学，智能高效、密云特色”的原则，改革社会服务管理体制，完善工作体系，重塑工作流程，创新工作手段，建立以

① 为进一步落实县委提出的社会建设目标要求和县领导关于创新社会服务管理模式的指示，2010 年 10 月至 12 月，社会工委、社会办在全面总结已有经验、借鉴城市网格化管理模式的基础上，具体提出了构建立体分类式网格化社会服务管理体系建设的体系架构、运行流程和阶段任务。

地理特点划分基础网格、以职能因素划分业务网格、以网格化管理员作为连接点和信息源的立体分类式网格化社会服务管理新体系，形成“县级领导、镇街统筹、职能部门履责、社区实施、社会组织参与、多渠道监督”的工作格局和运行模式，为实现“社会建设努力走在全市郊区前列”奋斗目标打好基础。

（二）建设目标

通过创建“一网建设、两级指挥、四级服务管理”的立体分类式网格化工作模式，采用三大系统实现社会综合服务管理。即：建设网格化社会服务管理平台，实现县、镇街两级指挥，县、镇街、社区、网格四级服务管理，信息采集、处理分派、督查考核三大系统支持运行。

二、立体分类式网格化社会服务管理体系的架构

（一）建立县社会服务管理综合指挥平台

充分利用现有资源，在县政府应急指挥中心现有功能基础上，整合已有“电子保姆”呼叫系统、城镇网格化管理系统，集成 96156 社区公共服务热线分别承担的公共信息服务、网格化管理和便民服务等职能，同时设立全县统一便民服务热线，开通社区服务网和短信互动平台，共同构成县社会服务管理综合指挥平台，通过数字化手段实现县域内服务管理资源共享，全方位、多层次开展服务管理工作。

1. 县社会服务管理综合指挥平台包括三大系统

（1）信息收集系统。建立多渠道、立体式信息采集体系。一是建立全县统一的社会服务管理基础数据库，由承担服务管理职能的职能部门将所负责的“人、地、事、物、组织”信息及本部门的具体职责、工作范围、具体事项、工作标准、一般事项处理

时限等细节划分类别、条目，统一集中到县指挥中心平台，通过网络连接、分权限管理，实现信息资源共享互换，提高数据准确同一度，提升工作效能。二是建立网格信息员信息报送制度，利用现代科技手段，为网格信息员配备移动联络终端，直接连接县指挥中心，发现本网格问题，及时报送信息。三是县级指挥平台的便民服务热线、网站、短信平台对所有居民开放，建立社会人群报送信息畅通渠道。县指挥中心接受信息后，立即确定是否受理立案。

（2）处理分派系统。建立统一的分层指挥系统，除县、镇街两级指挥平台外，其余所有用户进入平台没有指挥权，只能报送信息、反馈处理结果、按规定权限使用基础数据。县指挥中心对报送信息立案受理后，特殊复杂问题报县社会建设领导小组。一般问题，将事项内容、办理标准、办结时限分派到各责任单位，镇街作为属地单位，在非主责情况下，有义务协助主责单位完成工作。社会管理问题按性质、权属划分，属职能部门负责的，分派到具体职能部门，属街道解决的，分派到镇街指挥分中心，由镇街指挥分中心指派责任单位、责任人。服务类问题，政务服务交由负责单位办理；公益类服务分派给枢纽型社会组织，社区层面公益类服务分派到镇街指挥分中心，通过二次分派，交由社区社会组织、社区服务站等组织实施；便利服务指派给承担政府购买服务的组织或企业，政府没有购买的项目，分派到镇街指挥分中心协调解决。

（3）督查考核系统。建立上下联动、内外结合的科学监督评价系统。上下联动，指县级指挥中心与信息报送人员联动；内外结合，指系统自动评价与社会评价相结合。设定社会服务管理指挥系统自动生成监督评价程序，对事项办理全过程进行监督，在任务指派后，系统自动启动监督程序，同时通知网格信息员核查时间，责任单位要在规定时限内将事项办理结果反馈，网格信息员要按时将事项现场图片传回指挥中心，服务事项办理情况向服务对象核查结果，至此，系统生成此次实行办理评价。每月，指挥中心对各部门事项办理情况进行综合分析，结果报县领导并公开。每年，指挥中心要组织党代表、人大代表、政协委员对各社会服务管理单位进行民主评议，评议结果占对单位总体评价的30%，系统全年综合评价占70%，同时将总评价纳入各单位督察考核责任制。

2. 县社会服务管理综合指挥平台的业务构成

按照统一规划、分类实施的原则，包括应急指挥、城镇管理、综治维稳、安全生产、社会服务、社会事业、社会保障、法律服务、志愿服务、区域党建、六护机制等11个业务模块，同时，预留扩容空间。

（1）应急指挥。包括风险管理、值班信息、应急资源、应急处理、宣传教育等五个项目，主要是对突发事件实行日常管理，形成统一指挥、实时互动的管理体系。

（2）城镇管理。包括市容环境、市政设施、环保、绿化、街面秩序、施工管理、违章建设管理等七个方面，主要是实现城镇管理的网格化、规范化。

（3）综治维稳。包括矛盾排查、治安防范与管理、综治维稳、信访接待等四个方面，以“四项平台、六项机制”为核心，动态监控各类有关社会稳定的信息，实现数据共享，形成上下协同、科学决策、预防有力、化解及时的工作机制。

（4）安全生产。包括食品安全、药品安全、消防安全、建筑安全、企业生产安全、煤气燃气使用安全等六个项目，主要是对安全生产情况实行动态监测，及时发现安全隐患，监督职能部门履责，避免或减少安全生产事故的发生。

（5）社会服务。包括社区建设与服务、社会组织建设、社会人才队伍建设、社会工作者管理与服务、旅游信息、老年人服务、未成年人服务等七个方面，主要功能是实现政府与社会服务资源的融合与共享，为全体居民提供更为全面、更加优质的服务。

（6）社会事业。包括教育、卫生、文化、体育、科技、计生等六个项目，主要功能是实现各类社会事业数据的集成与共享，并对数据进行分析归纳，为制定相关政策提供依据。

（7）社会保障。包括劳动就业、医疗保险、养老保险、社会救助、社会福利、住房保障等六个项目，主要是建立全县社会保障数据库，确保信息周全、服务周到、应保尽保。

（8）法律服务。包括法制教育、法律援助、司法鉴定、法律监督、政策法规查询等五个项目，主要功能是通过数字化手段提高法律服务水平。

（9）志愿服务。包括志愿者管理、志愿行动安排、志愿服务项目、志愿服务宣传等四个项目，主要功能是实现全社会、多层次、多角度志愿服务的数字化。

（10）区域党建。包括社区党建、“两新”组织党建两个项目，主要功能是建立区域党建数据库，搭建党建工作平台，开展为社会领域党员服务，为实现“党建全覆盖”的目标提供技术支撑。

（11）六护机制。包括护水、护河、护山、护林、护地、护环境等六个项目，主要功能是结合各职能部门、镇街的工作职责和日常工作中的难点、特点，建立数字化的科学、完善的“六护”长效机制。

（二）建立两级网格化社会服务管理指挥体系

1. 县社会服务管理综合指挥中心。成立县社会服务管理综合指挥中心，为县属副处级事业单位，指挥中心主任由政府督查室主任兼任。作为密云县社会服务管理中枢机构，该中心主要承担信息收集、任务分派、督查考核三大职能。

2. 镇街社会服务管理综合指挥分中心。在街道党工委、办事处和镇党委、政府领导下，整合城镇网格化管理指挥中心、社区服务中心、综治维稳办、流管办等部门，统一组建镇街社会服务管理综合指挥分中心，接受县社区服务管理综合指挥中心指挥。该中心主要落实属地责任，承担辖区社会服务管理方面的信息收集、任务分派、督查考核；同时负责办理县社区服务管理综合指挥中心分派的任务，并将办理结果按要求上报。

（三）实行四级立体分类式网格管理

打破现有网格的单一地理划分方式，从管理和服务两个方面入手，按照不同层级、不同服务管理内容，结合地理位置和区域服务管理需求、责任主体业务实际特点分别划定网格。明确网格范围，确定责任单位，分解任务到队或人，不同层级、类别之间互相配合、呼应，构建立体网格，责任人组团式入格，针对不同事件、不同问题，以最快速度找到解决问题的人和方法，实现无缝隙管理。如：城管以地域划分网格，公安按警种划分，政务服务按社区划分，便利服务按项目划分，公益服务按需求划分等。

1. 县级服务管理。主要包括县社会服务管理职能部门、“枢纽型”社会组织、承担政府购买服务项目的社会组织、企业以及志愿组织等。各单位按职责、服务项目合理划分网格，并将网格图、责任人、联系方式上报指挥中心，接受县社会服务管理综合指挥中心指挥，开展各项工作。

2. 镇街及职能部门服务管理。主要包括职能部门、镇街各科室、职能部门派出机构、各社区组织、辖区社会组织、志愿组织等，划出基础管理和服务网格，责任到人，由镇职能部门和街指挥分中心指挥按照各自职责开展服务管理。

3. 社区服务管理。主要由社区党组织、居委会、服务站、本社区社会组织、驻区单位、志愿者队伍、协管员队伍、物业单位组成，在镇街领导下，社区党组织牵头开展本社区服务管理。

4. 基础网格服务管理。管理网格主要由执法管理人员、网格巡查信息员、网格协管员组成，服务网格主要由社区工作者、服务商、志愿者、协管员组成，分别开展具体服务管理工作。

三、立体分类式网格化社会服务管理体系的运行流程

（一）一级循环（县级指挥分中心）

1. 信息收集。通过网格巡查员、社会公众（来人来信、电子保姆、便民热线、短信平台、网络、96156）、视频探头、职能部门、镇街和舆情调查，采集各类社会服务管理信息。

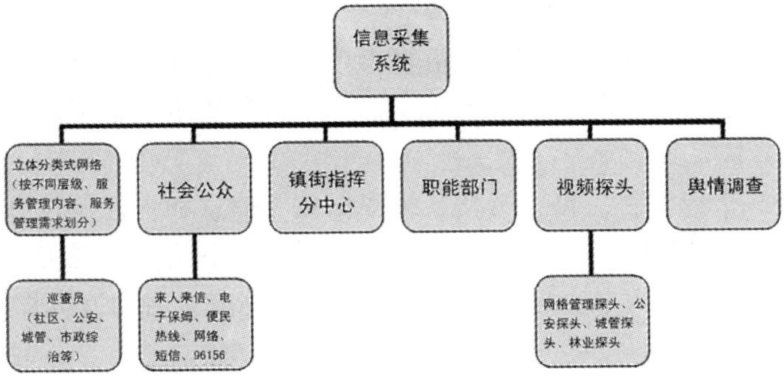

图 1 立体分类式网格化社会服务管理体系信息采集图

2. 立案受理。县指挥中心接收信息后，根据信息反映问题确认是否立案，并做好详细的信息接收、立案记录。

3. 任务分派。立案后，指挥中心根据基础数据信息和具体事项办理标准，将任务交由具体责任单位办理，明确办理标准、时限，同时开启督查考核程序，将任务信息通知网格巡查员。

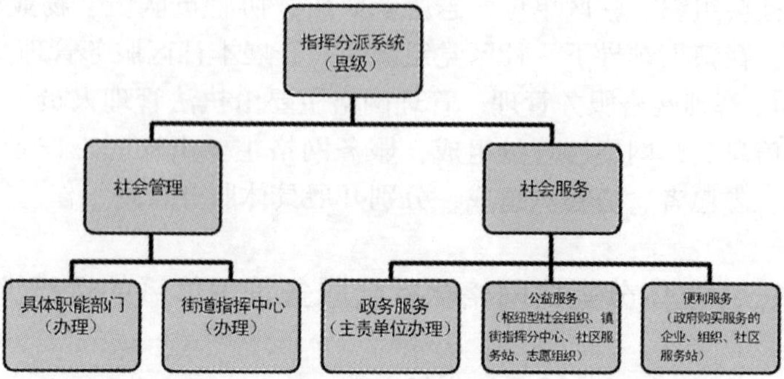

图 2　立体分类式网格化社会服务管理体系指挥分派图

4. 处理反馈。各责任单位接受任务后，及时办理，并在规定时限内将办理结果反馈至督查考核系统，未能完成形成书面报告，写明原因。

5. 核查结案。网格巡查员在事项时限截止前，对事项办理情况进行核查，负责将任务完成情况图片信息及简单文字说明传至督查考核系统。

6. 全程督查。督查考核系统根据核查信息和责任单位办理结果反馈情况生成督查评价，反馈至指挥分派系统。如规定时限未完成任务，指挥中心进行再次分派，再未完成，启动追责程序。

（二）二级循环（镇街指挥分中心、职能部门）

1. 需求受理。社会公众以各种形式提出服务需求，在镇街层面，由镇街指挥分中心或社区服务站根据性质和服务部门分类立案；在县级层面，各职能部门根据本部门的职能范围受理立案。

2. 提供服务。镇街指挥分中心或社区服务站根据社会公众需求提供服务；跨部门服务由受理窗口负责全程代办。职能部门负责对本部门受理的需求提供服务。

3. 监督评价。服务对象通过电子评价器、网站、短信平台等多种形式对服务质量进行监督评价，结果自动进入督查考核系统。

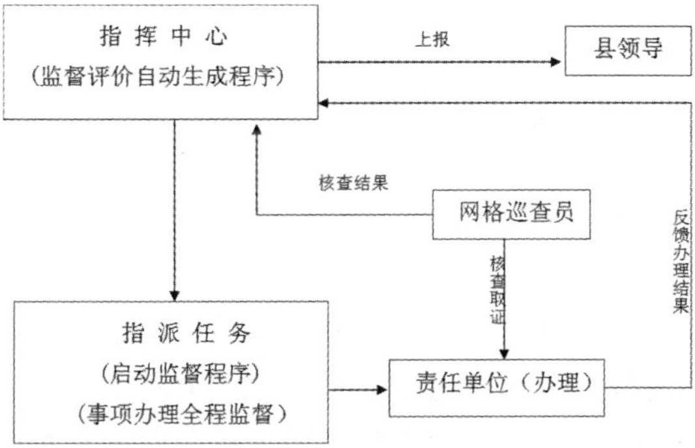

图 3　立体分类式网格化社会服务管理体系监督考核图

四、立体分类式网格化社会服务管理体系建设的阶段任务

（一）筹备阶段

成立立体分类式网格化社会服务管理平台建设工作办公室。下设五组：综合组（负责办公室运转、材料汇总、对外信息发布）、技术组（负责指挥中心软硬件建设、各项平台技术融合）、制度建设组（负责制定网格化社会服务管理体系相关制度及各类事项办理标准）、培训组（对指挥中心值班员、各单位接受任务人员及网格信息员进行培训）、数据建设组（负责协调各有关单位，建立基础数据库，绘制网格图表）。工作人员从县政府督查室应急中心、信息中心、社会建设信息中心抽调。

（二）准备阶段

1. 建立服务管理基础数据库。各有关部门分头整理，将所负责的工作分类划项，在规定时间内上交到网格化办公室，统一汇总。

2. 建立立体分类式网格数据库。按照服务管理精细化的标准，划小单元，织密网格，细化任务，明确责任。各单位根据职能特点、工作性质先自行划定网格，报至网格化办公室统一调整，绘制网格图。

3. 制定事项办理标准。各单位将所承担事项内容、工作标准、办结时限申报至网格化办公室，网格化办公室结合其职能审核、汇总，形成密云立体分类式网格化社会服务管理体系标准。

4. 制定立体分类式网格化社会服务管理运行平台管理办法。

（三）实施阶段

1. 建设运行平台，聘请软件公司建设运行平台。通过聘请软件开发公司，利用技术手段将语音信息平台（电子保姆、社区便民服务热线电话系统）、视频采集平台（网格化管理系统）、互联网服务平台（网络信息系统）进行整合，将各自系统功能统一通过服务器传送到网络终端（电视墙或电脑）。

2. 成立县级网格化社会服务管理综合指挥中心，招募工作人员，进行人员培训。

3. 整合现有资源，成立镇街社会服务管理综合指挥分中心，进行人员培训。

4. 按照总体设计、分步实施、试点先行、由下而上的方针，在街道（地区）、城乡结合部、乡镇开展试点，并在试点基础上全面推开。

东邵渠镇探索农村网格化社会服务管理模式[①]

东邵渠镇

（2011 年 5 月）

密云县东邵渠镇按照“细化单元，整合力量，创新机制，明确职责”的原则，搭建“三级”平台，强化“四定”措施，完善“五项”机制，对农村社会网格化管理工作展开了积极的探索，取得了较好成效。

一、基本情况

东邵渠镇位于密云县东南部，总人口 1.4 万余人，镇域面积 109.3 平方公里，辖 14 个行政村，22 个自然村。地处密云、顺义、平谷三县（区）交界地带，长期以来形成以下特点：出入境人员、车辆多，社会治安压力大；山地、林场面积大，管护任务重；生态林、保洁、治安、护水等各类管理人员互不归属、各负其责，“统不起来，管不到位”。为此，东邵渠镇党委创新农村社

① 2010 年 12 月，东邵渠镇在全县率先启动农村网格化社会服务管理试点工作，在网格划分、人员配置、岗位职责、工作流程等方面做了大量有益探索。本文是 2011 年 5 月试点半年之际总结的经验材料，原载于《北京市社会服务管理创新专报》2011 年第 47 期。

会管理体制和机制，以综治维稳、流动人口管理、“六护”（即护水、护河、护山、护林、护地、护环境）、社区服务和管理、志愿者服务、党建等为主要内容，合理划分区域管理网格，实行农村社会精细化管理，于2010年12月10日正式启动了农村社会网格化管理工作。

二、主要做法

（一）搭建“三级”平台，加强农村社会网格化管理工作统筹协调

成立镇农村社会网格化管理领导小组、镇农村社会网格化管理指挥中心（综治维稳中心）、村社会网格化管理指挥中心（和谐创安自治协会），形成三级管理平台，建立起“统一领导、层级负责、多方联动”的工作格局。实行“横到边、纵到底”的管理模式，全面统筹协调农村社会管理工作。

（二）强化“四定”措施，维护农村社会网格化管理工作有机运行

1. 定格。健全完善基础资料信息，科学编制社会网格化管理图，明确划分各网格的责任区范围，标明每个网格责任区位置、面积，实现网格全覆盖和管理无缝隙。目前，全镇按照山场、土地、河流、公路、村庄等地域类别，划分为216个网格（其中村庄网格65个，山场、山地网格121个，公路网格26个，河流网格4个）。

2. 定人。将保洁员、管水员、护林员、治安巡防队员以及党员、村民代表、和谐创安自治协会会员等社会资源进行整合。根据单元网格面积，每个网格设置3—5名网格化管理员，配备一部手持终端，确保24小时信息畅通。

3. 定责。围绕综治维稳、流动人口管理、“六护”、民生服务、党建等工作内容，明确单元网格和管理员的责任。社会管理员分为主要责任和其他责任，保洁员、护林员、管水员、护路员、治安巡逻员分别以原有职责为主要责任，以整合后原有责任外的责任为其他责任。根据村庄事务网格、山场土地网格、公路河流网格的层级划分，编制了《东邵渠镇农村社会网格化管理工作手册》，将网格化管理员的职责细分为三类：村庄网格化管理员职责，山场、土地网格管理人员职责和公路、河流网格化管理员职责，使网格化管理员做到职责清晰，任务明确。

4. 定流程。

（1）发现问题。网格化管理员统一着装进行巡查，及时发现和消除隐患，并填写巡查记录。对于现场不能处置的问题，第一时间利用手持终端向村社会网格化管理指挥中心报告；村农村社会网格化管理指挥中心不能处理的问题，及时向镇农村社会网格化管理指挥中心报告；镇农村社会网格化管理指挥中心不能处理的问题，及时向镇农村社会网格化管理领导小组报告。

（2）统一受理。各村社会网格化管理指挥中心、镇农村社会网格化管理指挥中心统一受理社会网格化管理范围内的上报事项，并做好记录工作。

（3）处理分派。各村社会网格化管理指挥中心、各职能部门对于能处理的事项及时处理，并做好相关记录和上报工作；镇农村社会网格化管理指挥中心受理各村社会网格化管理指挥中心不能处理的事项，并按照事项类别和等级决定向有关领导汇报或者向各职能部门分派任务。

（4）限期办结。各村社会网格化管理指挥中心、各职能部门要认真分析研究问题，拿出解决方案，在规定的时限内办结，并向镇农村社会网格化管理指挥中心备案。

（5）督查督办。镇农村社会网格化管理指挥中心负责检查农村社会网格化管理情况，对于未办结和办理不力的事项进行督查督办。

(6) 信息反馈。镇农村社会网格化管理指挥中心及时做好各类事项办理过程的记录工作，并将办理情况向网格化管理员和创安自治协会会员进行反馈。

(三) 完善“五项”机制，为农村社会网格化管理工作提供有力保障

1. 科学民主决策机制。实行政务公开，充分发扬民主，推行网格化管理联席会议制度，广泛听取群众意见，根据地区实际，科学、合理做出农村社会网格化管理工作决策，真正实现问需于民、服务于民。

2. 协调会商机制。定期召开镇级联席会议，由镇农村社会网格化管理领导小组牵头召开，镇农村社会网格化管理指挥中心、相关职能部门及各村社会网格化管理指挥中心负责人参加，每月召开一次，遇紧急情况随时召开。联席会议对农村社会网格化管理月工作情况进行通报，对存在的问题进行分析并研究解决。

3. 志愿服务机制。研究建立志愿者招募、培训、激励机制，吸引更多的无职党员、村民代表、积极分子等社会资源，自觉投身志愿服务，不断提高志愿者参与农村社会网格化管理工作的积极性和主动性。

4. 考评激励机制。加强网格化管理员队伍建设，规范岗位设置和薪酬待遇，制定《社会网格化管理员考核办法》，定期依据考核结果进行奖惩。制定社会网格化管理员培训制度，不断提高社会管理员的综合素质。

5. 责任监督机制。镇领导小组、镇指挥中心、村指挥中心三级平台自上而下实行责任倒查制度，逐级监督落实，防止互相推诿，建立工作有监督、处理有结果、完成有反馈的工作体系。

三、取得成效

（一）实现了社会服务管理无缝隙

以镇党委、政府班子成员为主的农村社会网格化管理领导小组的成立，从组织上保证了网格化管理与现有行政管理的无缝对接，实现了网格化管理运行机制与现有行政管理运行机制的有机结合。明确划分各网格的责任区范围，从空间上保证了网格的无缝对接。同时，网格化管理队伍统一着装巡查，负责网格内日常巡查、问题处置和信息上报等工作，做到“联系方式全公开、反映渠道全畅通、管理服务全覆盖”，确保“每一寸土地都有人管，每一项任务都有人落实”。

（二）促进了地区和谐稳定

东邵渠镇网格化管理从依靠群众、联系群众、服务群众着手，抓住了“强基层、打基础”这个重点，从源头上夯实了维稳、“六护”等各项工作的群众基础，有效保障了社会的和谐稳定。实行网格化管理以来，东邵渠镇没有发生一起越级访、群体访，没有发生一起恶性案件，没有发生一起盗采盗运，破坏山场土地资源行为，社会秩序和环境保护得到了巩固和加强。

（三）实现了社会服务管理资源的合理配置

网格化管理队伍整合护林员、保洁员、管水员，治安巡查员等现有人力资源，将无职党员、积极分子和志愿者等社会资源充实到各个网格中，实行“一岗多责”，对综治维稳、“六护”、村庄事务等涉及群众利益的事务进行全方位管理，实现了社会资源的有效整合和合理配置。

（四）增加了社情民意沟通渠道

在日常工作中，网格化管理员及时将群众提出的问题和建议向镇党委、政府反映，并帮助协调解决。通过推行民情联系会制度，采取定期、定点、定员恳谈的形式，畅通了“听民声，解民忧”的渠道，群众把基层党员干部当作了知心朋友，党群、干群关系变得更加密切和融洽。

（五）搭建了无职党员、村民代表发挥作用的平台

无职党员、入党积极分子以及村民代表，积极发挥模范作用，参与社会服务管理。他们主动担当起维稳工作调解员、党建工作宣传员、社会管理监察员的角色，形成了一支“全方位、多角度”全能型社会服务管理队伍，在他们的引领下，许多居民纷纷自愿加入网格化管理队伍。

石城镇探索实施立体分类式网格化社会服务管理模式①

石城镇

（2011 年 5 月）

石城镇作为我县农村社会服务管理创新试点镇之一，针对镇域内山场面积大、旅游景区多、民俗户多、游客及流动人员多等特点，按照全县构建立体分类式社会服务管理模式的总体思路，以行政村、旅游景区、山场为重点管理单元，以基层民主建设、社会组织和新经济组织发展、社会文明建设、“六护”等为主要内容，实施农村社会精细化服务管理，建立了“统一领导、分级负责、各方联动、社会协同”的社会服务管理新格局。

一、构建立体分类式社会服务管理框架体系，实施农村社会精细化管理

立体分类式社会服务管理是我县针对县域农村地区地形地貌复杂、村民居住分散、不易划分网格等实际情况，在实践中探索形成的加强和创新农村社会服务管理的工作模式。石城镇通过实施这一模式，有效提升了社会服务管理的科学化、精细化水平。

① 本文是石城镇网格化社会服务管理试点经验材料，原载于《密云社会建设专刊》2011 年第 4 期。

搭建镇、村两级社会服务管理平台。成立镇社会服务管理工作领导小组，统筹推进全镇社会服务管理创新工作。领导小组下设社会服务管理中心，加强职能部门的沟通和对社会服务管理重点工作的组织协调。各村成立社会服务管理站，接受镇社会服务管理中心领导。整合村民代表、志愿者、治安巡查员、护林员等力量，建立安全巡逻、卫生保洁、纠纷调解、信息调查、产业咨询、便民利民等服务队伍，开展社会管理和服务工作。

实施立体分类式社会服务管理。立足镇域实际，按照行政村、旅游景区、山场等不同类型区域的空间分布格局、地理特点和服务管理需求，划分不同的基础管理单元，编制立体分类式社会服务管理图，确定各管理单元位置和范围。合理配备单元内服务管理力量，明确行政村、旅游景区、山场等不同类型区域社会管理员职责任务，实现对辖区人、地、物、事、组织服务管理全覆盖。

建立健全工作流程和运行机制。制定了问题上报、统一受理、处理分派、限期办结、督查督办等一整套完善的工作流程，确保立体分类式社会服务管理有序运行。建立协调会商机制，由镇社会服务管理工作领导小组牵头每月召开联席会议，通报工作进展情况，研究解决重点、难点问题；建立监督机制，将加强和创新社会服务管理工作纳入镇党委、政府领导干部和村党支部、村委会工作考核体系，作为干部政绩考核的重要内容和评定“五星级村党支部”的重要指标；建立考核激励机制，制定社会服务管理员考核、奖惩和日常管理相关办法，充分调动他们的工作积极性和主动性。

二、健全农村民主管理机制，夯实基层社会管理基础

农村基层民主管理是加强和创新农村社会服务管理的重要内容。石城镇以石塘路村为试点在北京市率先建立村务监督委员会，逐步探索形成了“五议三公开一监督（5+3+1）”工作法，有效发挥了村民自治在加强社会服务管理中的作用。

深化党组织领导下的村民自治制度。进一步完善了“五议三公开”（即村民建议、支部会提议、两委会商议、党员大会审议、村民代表会决议，决议公开、过程公开、实施结果公开）、村级重大事项民主决策“八步法”和票决制、村民代表设岗定责等基层民主自治制度，切实保障群众的知情权和参与权，提高村级民主决策的科学性、规范性，从源头上预防和减少矛盾。

全面推行村级政务财务公开。认真落实政务、村务公开制度，将财务收支、奖励政策、民政优抚、宅基地审批、计划生育指标、实事办理等事项在公开栏逐项公开。推进村务点题公开，做到群众想知道什么就公开什么。对村内财务收支所有票据逐票登记、逐项审核、逐笔“晒账”，并公开向群众答疑，形成了干部用心、群众放心、干群齐心的良好局面。

探索建立村务监督委员会。在总结“五议三公开”和“晒账”等经验的基础上，石城镇整合提升现有的村务公开监督小组和村民民主理财小组功能，建立村务监督委员会，在村党组织领导下对村级重大事项、财务管理、村务公开制度执行情况等村级事务实施监督，逐步形成了“五议三公开一监督（5+3+1）”工作法，健全以村党支部为领导核心、村民会议和村民代表会议为决策机构、村民委员会为管理执行机构、村务监督委员会为监督机构的村民自治机制。

三、培育发展新经济组织和社会组织，发挥社会协同作用

石城镇以加强和创新社会服务管理为契机，着力培育发展专业合作社等新经济组织和社会组织，促进农村产业发展和农民增收致富，同时积极动员和引导各类新经济组织和社会组织参与社会服务管理，不断激发社会活力。

探索“党支部+合作社+民俗户”的产业发展模式。由村党支部牵头把民俗户、民俗旅游商品经营户和旅游从业者组织起来，创办民俗旅游专业合作社。社长由党支部书记或村委会主任兼任，合作社运行效益同村主要负责人的责、权、利紧密结合，把党的基层组织优势和合作社的经营管理优势有机结合，进一步推动农村产业发展。实施“金桥行动”，利用专业合作社外联市场、内联农民的桥梁纽带作用，按照市场需求积极调整农业结构，培育板栗、蔬菜、养蜂、种养殖、果品、农副产品、手工艺品等一批基础较好、效益明显的专业合作社，打造一批优势农产品品牌，加快农民致富步伐。

坚持党群共建，发展村级社会组织。以党的基层组织建设带动工会、共青团、妇联、残联等社会组织建设，构建“优势互补、共同推进、党群一体”的工作格局。依托工会、共青团、妇联以及志愿者组织等各类社会组织，搭建与群众沟通的新桥梁，畅通信访和利益诉求渠道，及时化解村内矛盾纠纷，切实维护群众的合法权益。积极培育文体协会、登山协会、戏曲协会等村级社会组织，丰富农村文化娱乐生活，提升农民幸福感指数。引导社会组织依法参政议政、开展民主监督，推进政务公开、村务公开等制度落到实处。

依托农村合作社和社会组织，强化社会管理和服务。发挥各

类农村合作社和社会组织紧密联系群众的优势，引导村民参与社会管理和服务，与党委、政府开展的公共服务和社会管理形成互联、互补、互动的格局。如牵头建立民俗户信息台账，监督落实游客登记制度、规范门头牌匾标识；开展民俗旅游宣传培训，在重要路段设置路线图和指示牌，为民俗户提供周到细致的服务；组织参与邻里守望、定岗值班、安全巡逻、纠纷调解等社会服务管理，共同推动平安家庭、平安胡同、平安村组创建工作，维护社会和谐稳定。

四、加强社会文明建设，营造良好社会环境

社会文明建设是创新社会管理的一项重要的基础性工程。石城镇以提高公民文明素质和营造社会文明环境为重点，在公共文化服务体系、思想道德教育、志愿服务等方面采取一系列具体措施，以文化育文明，积极营造良好的经济社会发展“软环境”。

加强农村公共文化服务体系建设。着力建设一批符合农民需要的文化服务网点，为农民提供更多的优质文化服务。加强农村思想文化阵地建设，加快推进广播电视村村通、文化信息资源共享、农村电影放映、农家书屋等重点文化惠民工程，不断拓展农村精神文明建设的阵地与渠道。加强市级爱国主义教育基地——白乙化烈士纪念馆建设，进一步弘扬白乙化烈士的英勇事迹，深入挖掘历史文化内涵，使更多的群众接受革命教育和文化熏陶。

围绕创建全国文明镇，加强党员干部和群众的思想教育。引导村干部和广大群众树立“爱家乡、护环境、促经济”的思想认识，推动生态旅游主导产业科学发展。加强乡风文明建设，抓好“绿色出行、文明交通从我做起”和“垃圾减量、垃圾分类从我做起”主题宣传实践活动，为生态石城注入更加浓厚的精神文化因素。

深入开展志愿服务活动。成立县志愿者联合会石城镇分会，组建党员、青年、旅游、治安巡逻、“六护”、林果技术、医疗卫生、法律维权等 8 支志愿服务队，积极开展农村志愿服务活动。倡导群众就近帮助孤寡老人、残疾人、留守儿童等解决生活困难，做到亲帮亲、友帮友、邻帮邻、户帮户。深化创先争优活动，依托党组织党员双承诺、“三为民”、“七带头”等实践活动，开发党员志愿服务的新领域、新形式。

不老屯镇农村网格化体系建设深入推进[①]

不老屯镇

（2011 年 6 月）

密云县不老屯镇地处密云水库正北岸，是重要的水源涵养区。2011 年以来，按照县委县政府的统一部署，不老屯镇作为试点镇积极开展农村网格化社会服务管理工作，通过充分了解社情民意，及时化解矛盾纠纷，严厉打击盗采盗运违法行为，把不稳定因素消除在萌芽之中，促进了农村社会的和谐稳定。

一、主要做法

1. 建立组织机构。成立了农村网格化社会服务管理工作领导小组，由镇党委书记、镇长任组长，综治办、派出所、司法所、社保所、民政科等科室为成员单位。领导小组每月召开一次例会，听取工作汇报，分析情况问题，研究对策方案，进行部署安排。建立了镇网格化社会服务管理指挥中心和村社会服务管理站，指挥协调镇、村两级网格化社会服务管理工作。

2. 合理划分网格。全镇共划分管理单元网格 535 个，其中村庄网格 298 个，山场、土地网格 178 个，公路网格 26 个，河流网格 33 个，每个网格配备社会管理员 3—4 人。投入 50 万元在镇网

---

① 本文是不老屯镇网格化社会服务管理试点经验材料，原载于《北京市社会服务管理创新专报》2012 年第 5 期。

格化管理指挥中心建立一个集成的信息化指挥平台，将网格中的人、地、物、事、组织等全部纳入信息管理范畴，实现了农村网格化社会管理“全覆盖”，提升社会服务管理精细化水平。

3. 整合人员队伍。整合保洁员、护林员、管水员、志愿者、党员、村民代表等队伍力量，组建了2200余人的农村网格化社会管理员队伍，配置到网格单元中。推动领导干部、执法队伍、机关工作人员等公职人员进入网格，广泛深入开展群众工作。确保每一寸土地都有人管，每一项任务都有人落实。

4. 明确职责任务。将基本公共服务、“六护”、志愿服务、社会治安、打击盗采盗运、流动人口管理、产业帮扶、矛盾调解、公共安全、应急管理、计划生育、社会保障、医疗卫生等工作内容融入网格内，为每名社会管理员设定主责、副责，做到主责明确，副责合理可行。签订责任书，细化责任区域，强化社会管理员责任意识。做到问题有人发现、有人报告、有人处置解决、有人反馈情况。

5. 加强制度保障。建立协调、监督于一体的管理运行机制，制定了岗位职责、工作流程考核、奖励办法等制度，建立了管理、检查、考核体系，形成了协调、监督、培训、考核于一体的长效运行管理机制。制定了网格管理员考核办法和奖惩办法，镇里每年拿出10万元，定期依据考核结果进行奖惩，调动网格管理员工作的积极性。

6. 突出重点工作。不老屯镇26个行政村中96%以上有铁矿、12%有金矿，保水护矿是镇最重要的工作任务。在开展网格化工作之初，不老屯镇就将打击盗采盗运与网格化社会服务管理有效结合，纳入网格化管理体系。依托网格化工作，建立了一套完备的人防与技防相结合的防控体系，开展“四零行动”，即零点后零计划的对盗采分子“零容忍”的巡查，力争镇域内盗采现象的“零发生”。实现了每段进入库区的道路有人守、每个矿坑有人护、每片山场有人看。

二、取得的初步成效

实施农村网格化社会服务管理以来，强化了农村社会矛盾调处，有效遏制了盗采盗运的发生，农村社会更加和谐稳定，主要体现在：

1. 巩固了综治维稳基础。为从源头上夯实维稳工作基础，网格实现了责任化、精细化、信息化管理，在第一时间妥善处理了一些农民群众最关心、最直接、最现实的社会问题。半年多来，在网格内化解各类矛盾300余件，排除各类案件隐患30余起，镇级个体访同比下降51.2%，集体访同比下降89.4%。

2. 严厉打击了盗采盗运。共出动巡查矿点200余次，查扣了大车4台，铁矿石120吨，杜绝了镇域内的重大盗采行为；治理了盗采矿坑和植被恢复50余处，治理面积1000余亩。

3. 密切了党群、干群关系。社会管理员共收集涉及各类政策、民政、计生等社情民意信息1100余条，及时向指挥中心反映情况。镇、村联合相关职能部门为群众排忧解难，解决了与群众利益相关的民生问题。

4. 提升了基层党建水平。每个党小组负责管理几个网格，党员在网格中认领志愿岗位，有的担任社会管理员，有的担任民事纠纷调解员、政策宣传员，带头担当起为民服务的重要职责，在创造争优活动中发挥了重要作用。

穆家峪镇依托网格化创新流动人口管理方式[①]

穆家峪镇

（2011年6月）

穆家峪镇刘林池、新农村地处城乡结合部，之前“五多”现象严重：出租房屋和流动人口多，各类案件多，私搭乱建违章建筑多，店外经营、占道经营的商户多，垃圾多。镇党委、政府围绕如何加强刘林池、新农村地区社会管理进行了探索创新，进一步强化各级组织的管理服务职能，由条线、单向的管理运行机制向网格、互动的管理运行机制转变，实现了刘林池、新农村地区的管理服务全覆盖。

一、主要做法

1. 加强领导，统筹工作部署，形成齐抓共管的工作新格局。建立了一体化的工作领导机制，成立了刘林池、新农村地区工作领导小组，下设5个职能工作组，各有关部门主要负责人全部参与“大服务”工作体系。

2. 搭建平台，统筹资源配置，实现资源与服务共享。投入110万元，整合公安、工商、城管、流管等部门资源，建立了综

① 本文是穆家峪镇网格化社会服务管理试点经验材料。

合服务管理中心。中心设立公安工作站、工商工作站、城管工作站、流动人口服务管理中心、流动党委活动中心、公安司法调解室、视频监控室，统一配备了专门工作人员和设备，集中办公。

3. 强化管理，统筹工作机制，全面实行网格化。行政村划分成若干个单元网格，组建相应的服务团队，点对点、面对面地为群众提供服务，建立“职责分明、操作有序、管理到位、服务有力、处置及时”的网格化管理工作机制。实现党员、村民代表服务网格化、和谐创安自治协会网格化及流动人口和出租房屋自治协会网格化。同时，不断深化社会管理科学决策机制、矛盾纠纷化解机制、社会治安立体防控机制、应急管理机制和工作监督机制。制定了流动人口与出租房屋信息报告制度、责任追究制度等5项制度，签订了村、单位、房主、流管员4方责任书，做到了流管工作层层有人抓，人人有人管。

二、工作成效

1. 探索出了流动人口管理新模式。目前该地区环境干净整洁、商业秩序井然、流动人口管理科学，在2010年提前半年摘掉了新、刘地区全市“高发案地区”的帽子，并被市公安局确定为全市9个流动人口管理模式之一，在全市推广；被县政法委确定为综治维稳试点示范区，向全县推广。

2. 改进了基层职能部门的管理模式和工作方式。通过网格化管理实现了将政府的社会管理与公共服务的触角直接延伸到群众。公安部门在中心为流动人口办理暂住证等证件，通过中心成立的公安司法联合调处室及时为群众解决矛盾纠纷，方便群众反映问题，避免矛盾升级。

3. 党群、干群关系进一步和谐，形成了党群齐心、干群合力的良好局面。党员干部依托网格化服务管理，攻坚克难，广大群众大力支持，仅用20天就全部拆除老密古路两侧105处3200平方米严重影响市政市容的违章建设，并实现了拆违工作零强拆、零上访、零事件。

4. 有力推动了刘林池、新农村地区社会建设。破解了多年来制约刘林池、新农村地区发展的难题，增强了刘林池、新农村地区管理服务能力。在破难题，解民忧的过程中，在深化创先争优活动中，打造出为民服务的“民心工程”，在推进城乡一体化建设中迈出了重要一步。

阶段小结

通过一年左右的理论和实践探索，各试点乡镇结合辖区特点和工作实际，大力推进社会服务管理实践创新，在网格划分、人员整合、运行机制等各方面探索形成了一系列新经验、新做法。东邵渠镇建立了科学民主决策、协调会商、志愿服务、考评激励、责任监督五项机制，强化定格、定人、定责、定流程四定措施，实现了辖区内的全覆盖、无缝隙精细化管理；石城镇成立全市首家村务监督委员会，进一步健全了村务公开民主管理机制，夯实农村基层社会管理基础；不老屯镇依托网格化体系加强保水护矿，第一时间化解乡村矛盾，妥善处理了一批农民群众最关心、最直接、最现实的社会问题；穆家峪镇探索建立综合服务管理中心，科学管理流动人口，被市公安局确定为9个流动人口管理模式之一，在全市推广……前期试点工作取得明显成效，为全县范围内推广网格化社会服务管理体系坚定了信心和决心，积累了宝贵经验。

第二部分　全面推广阶段

（2011年6月至2012年6月）

在深入总结试点经验的基础上，2011年6月，密云县委、县政府召开农村社会管理创新暨网格化管理推进现场会[①]，印发《关于推进农村网格化社会管理工作的意见》，在全县推进网格化社会服务管理体系建设工作。在县级层面，由县委县政府整合相关部门，成立县网格化社会服务管理综合指挥中心，统一领导全县网格化社会服务管理工作，县社会办、综治办、网格办等部门具体负责、协同指导；在20个镇（街）建立镇（街）网格化社会服务管理工作领导小组，下设镇街网格化社会服务管理指挥中心，327个行政村和42个城市社区全部建立社会服务管理站，负责本辖区网格化体系建设。2011年10月27日，刘淇和郭金龙同志到密云调研时，对立体分类式网格化社会服务管理工作给予充分肯定，并提出了新的要求。为落实市领导指示精神，密云县随即制定出台了《关于加快推进网格化社会服务管理工作实施方

① 2011年6月23日，密云县委县政府在东邵渠镇召开农村社会管理创新暨网格化管理工作推进现场会。县委常委、政法委书记张玉鲲，县委常委、常务副县长王稳东出席会议。

案》，细化了“八个一”[①] 和“六个规范”[②] 的具体任务，明确提出要在 2012 年 6 月前全面建成立体分类式网格化社会服务管理体系。

① “八个一”，即：制定一套符合实际的规范性文件、标绘一张清晰明了的网格管理图、建立一支力量充足的网格管理员队伍、配发一本简明易用的网格社会服务管理员工作手册、制定一套科学规范的网格管理流程、建立一个功能集成的信息平台、建立一套完备规范的网格管理基础台账、建立一套切实可行的考核办法和奖励机制。

② “六个规范”，即：规范镇街网格化管理机构名称、镇街综治维稳中心、村级网格化工作机构、网格管理人员名称、网格编码规则、网格基础数据的采集和维护。

2011 年 10 月 27 日，市委书记刘淇、市长郭金龙到密云调研农村网格化管理工作

2011 年 6 月 23 日，密云县召开农村社会管理创新暨网格化管理工作推进现场会

密云县网格化社会服务管理指挥中心

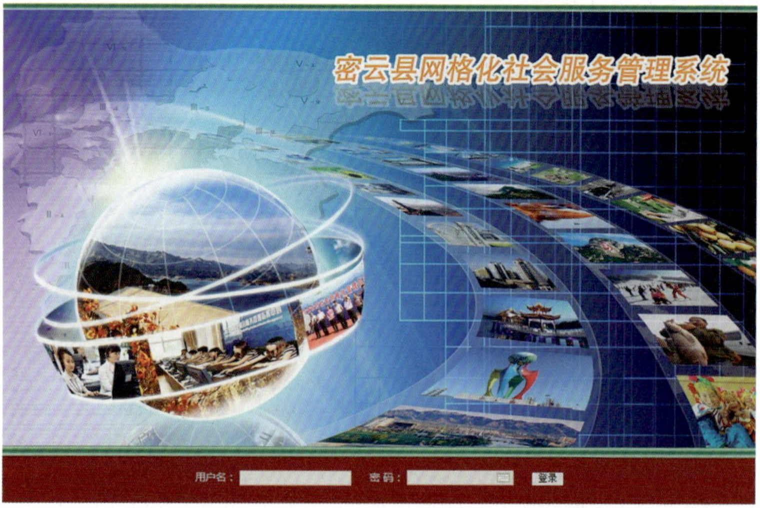

密云县网格化社会服务管理信息系统

深入推进立体分类式网格化体系建设全面提高社会服务管理水平[1]

王玉江

（2012 年 5 月）

今年是社会管理、综治维稳的“大考之年”，也是社会服务管理创新全面推进的一年。立体分类式网格化作为我县社会服务管理工作的重大创新，是当前和今后一个时期加强和创新社会服务管理的突破口和总抓手。县十二次党代会、“十二五”规划都对这项工作提出了明确要求。去年 11 月 30 日，我们召开了加快推进网格化社会服务管理工作会，部署了分阶段工作任务，明确要求今年 6 月底前要全面建成立体分类式网格化社会服务管理体系。目前，县网格化指挥中心已经建成，社会服务管理信息系统已经上线试运行，人员培训正在逐步开展；各镇街也已经全部建立了网格化指挥中心，村、社区都成立了社会服务管理站，完成了基础网格划分、人员配备、网格数据采集等工作。职能部门融入网格化管理工作正在有序推进，特别是政法系统对这项工作认

① 此文作者王玉江时任中共密云县委副书记、政法委书记。为加快全县网格化社会服务管理体系建设，推进政法部门融入网格尽职履责，2012 年 5 月 11 日，密云县委县政府召开全县政法系统融入网格化社会服务管理工作推进会。县委副书记、政法委书记王玉江，县委常委、常务副县长王稳东，副县长郭洪泉，县法院院长马强，县检察院检察长陈平出席会议，政法系统主要负责同志及各镇街有关负责同志参加。这是王玉江同志在会上讲话的主要部分。

识高、行动快、力度大，已经取得了很好的效果，为各部门融入网格化积累了经验、发挥了示范作用。总的来看，全县网格化社会服务管理工作开局良好、成效明显、势头强劲。借此机会，我再强调几个问题。

第一，如何理解立体分类式网格化。

在开展网格化管理的过程中，要着重抓好以下环节：

（一）划分两种网格单元。立体分类式网格化需要划分基础网格和业务网格这两种网格。目前，各镇街及开发区已经按照社区、村庄、农地、山场等地理特点划分了 5204 个基础网格。在此基础上，推进镇街科室和县职能部门通过包区包片、包镇包村等多种方式划分业务网格，尽快将自身职能融入网格、下沉到基层，与基础网格协调配合，共同构成立体分类式网格，是当前工作的重中之重。要通过下沉力量、下移重心，做到“工作开展在网格、民情掌握在网格、矛盾化解在网格、服务群众在网格”，实现社会服务管理的扁平化。比如，县法院建立了主要领导负总责，副职领导为镇街负责人，庭长为村、社区负责人，法官为网格负责人的四级业务网格体系，有效实现了业务工作与基础网格管理的对接和融合，很有借鉴意义。

（二）健全“一网建设、两级指挥、四级服务管理”的体系框架。“一网建设”，主要是整合“四网”、“四中心”。目前，县里已经基本建成信息网、通讯网、视频网、广播网“四网联动”的社会服务管理信息化平台，正在积极推进网格化、应急指挥、非紧急救助和综治维稳“四中心”融合贯通。“两级指挥”、“四级服务管理”的基础工作也已基本完成，各镇街要进一步完善网格化软硬件设施，健全信息采集、处理分派、监督考核等运行机制和工作流程，不断提高网格化管理的制度化、规范化水平。

（三）充分发挥社会管理员的职能作用。目前，各镇街及开发区已经整合配备了由基层党员、村居民代表、“六护”人员、协管员、志愿者等组成的社会管理员 1.8 万余人。要进一步健全这些人员的管理、使用长效机制，完善考核办法和奖惩激励制度，促进社会管理员在网格内尽职履职；优化社会管理员结构，加大业务培训力度，尽快提高整体素质，要把“有人管”上升到“管得了、管得好”。

第二，目前存在的问题。

虽然前一段工作进展较大、成效不错，但仍然存在着一些亟待改进的地方：一是个别单位对立体分类式网格化工作认识理解不到位，重视程度不够高；二是各镇街网格化工作发展不均衡，个别镇街推进力度不够大、速度不够快；三是个别单位规定动作完成的好，但工作亮点和工作特色不够突出；四是部分镇街虽然在实际工作中创造了很多好做法、好机制，但没有及时总结提炼，形成经验模式。

第三，下一步工作怎么干。

网格化管理工作要求高、任务重，决不能平铺直叙、按部就班，既要加快推进基础工作和体系建设，更要有大动作和新举措。要下决心在最短时间内，在解决一些关键性问题上取得突破性进展。

（一）抓基础、抓规范，全面建成城乡网格化管理体系。现在已经到了 5 月，离 6 月底只有一个多月的时间，我们还有很多基础性、规范性工作需要做：一是规范完善县级平台，进一步整合“四网”、“四中心”资源，加快县社会服务管理信息系统的测试工作，尽快实现正式运行；二是各镇街要进一步规范指挥中心和基层社会服务管理站建设，健全社会管理员管理、使用和激励机制；三是要根据网格化试运行和软件测试情况，及时调整现有的网格划分、人员配备、工作流程等，使其更符合实际、更加科学合理；四是要加强对网格化的培训学习，从领导到普通工作人员都要深入理解、融入并运用网格化开展工作。特别要加快网格化特色示范村、示范社区的建设，尽快建成一些特色鲜明、成效突出、可看可学可推广的示范点。

（二）抓融合、抓创新，全力推进职能部门融入网格。

一是深化七个重点领域工作。在推进职能部门融入网格化工作中，各镇街已经创造了很多好经验、好做法。比如，果园街道和政法部门联合开展“政法三官进社区”活动，推进了政法力量进网格、下基层；石城镇将民俗旅游服务融入了网格化管理，促进了工作的标准化、高效化水平；不老屯镇依托网格化体系打击盗采盗运，有效保护了矿产资源的安全；穆家峪镇在推进网格化管理工作中，创新了城乡接合部流动人口服务管理机制；溪翁庄镇探索建立了基层就业服务网格化工作体系，将就业服务延伸到了群众身边；东邵渠镇将综合行政服务中心纳入了网格化管理，使群众办事更加方便、快捷；鼓楼街道把矛盾化解作为网格化管理重要内容，有力地促进了辖区和谐稳定。各镇街要认真总结学习、深化提升这七个领域的经验做法，形成模式，打造品牌。

二是政法系统要做好表率。政法系统是当前融入网格化的主要力量，要切实发挥好表率作用。要根据业务特点、人员配备、服务管理需求等因素，合理划分网格层级、全面整合工作力量，将责任落实到格、落实到人。要建立健全与属地党组织的协调共建机制，促进部门工作人员实实在在地在网格中尽职履责、发挥作用。今年政法各单位要确保全县80%以上的干警明确自己的责任网格，全县80%以上的网格都有责任干警。当前的工作，就是要结合实际，迅速完善融入网格化社会服务管理工作实施意见并抓好落实，在实践中积极探索职能部门融入网格化管理的长效机制。要以“十八大”期间的安全稳定重点工作特别是重点地区综合整治为契机，带动职能部门下基层、进网格。

三是镇街要加强统筹、提供支持。各镇街要加强对职能部门工作资源和下沉力量的统筹，与本地区资源整合，进行科学再分配，把网格化的作用发挥到最大；要与职能部门建立常态化沟通交流机制，及时协调解决重点难点问题，形成社会服务管理整体合力。要加强对立体分类式网格化的研究，积极为职能部门融入网格搭建平台、提供支持，扎实推进本辖区网格化管理工作，努力探索特色经验。

各镇街、各部门要进一步统一思想，把深化网格化管理工作作为“一把手工程”组织实施，确保思想认识到位、人员配备到位、资金投入到位。要明确主要领导负责、主管领导牵头，提出路线图和时间表。要专门制定工作考核办法，提出工作目标，确定工作特色，逐级逐项分解细化工作项目、制定工作标准、明确工作责任。要将加强网格化管理作为责任制和干部考核的重要内容，作为评先评优的重要依据。要动员社会力量和居民群众广泛参与，形成“人人都是社会建设参与者、人人都是社会建设受益者”的良好局面，确保6月底前，全面建成立体分类式网格化社会服务管理体系。

同志们，深入推进网格化社会服务管理是全县一项重要而紧迫的任务。要按照县里的统一部署要求，立足实际，大胆实践，努力创新，积极探索立体分类式网格化管理的新办法、新举措，全面提高社会服务管理水平。

对密云县协管力量整合提升的研究[①]

王玉江

（2011 年 10 月）

胡锦涛总书记在“七一”重要讲话中明确指出：要加强和创新社会管理，建设中国特色社会主义社会管理体系，全面提高社会管理科学化水平。近年来，我县为加强和创新社会管理，在多个领域组建了协管队伍，为提高我县社会管理水平发挥了一定作用。但是，由于协管队伍涉及面广、人数多，目前还存在管理不统一、作用发挥不充分等问题。为进一步提高我县社会管理科学化水平，实现社会建设走在郊区前列、建设“绿色国际休闲之都”奋斗目标，我县成立了由县委、县政府主管领导牵头，县委研究室、社会工委等部门和两个街道参加的课题组，就整合提升我县协管力量问题进行了专题调研。

① 此文作者王玉江时任中共密云县委副书记。在密云县立体分类式网格化体系设计中，协管员和公益性就业岗位人员是网格中的专职骨干力量，是网格社会管理员的关键组成部分。为进一步健全此类人员管理和使用的长效机制，2011 年 6 月至 10 月，县领导牵头组织社会工委、研究室及有关镇街负责同志就整合提升协管力量进行了专题调研，提出了工作思路和具体对策建议。本文就是此次调研的总结报告，原载于《密云调研》2011 年第 6 期。

一、我县协管队伍的基本情况

这次调研的协管队伍，主要是县有关部门、镇街依据《北京市社区公益性就业组织安置就业特困人员专项补贴管理办法》(京人社办发［2009］7 号，以下简称《办法》)，经县政府批准，临时聘用的，在社区从事公共事务服务、城市管理服务、公共秩序维护等协助性管理工作的人员。此外，我县农村还有一批生态林管护员、保洁员、管水员、专职“六护”人员等，共计 11839 人，他们协助做好社会管理工作。

1. 招录来源。《办法》规定，协管队伍招聘的人员指我市城镇登记失业人员中，因年龄偏大、家庭困难、身体残疾等原因，经再就业援助仍未实现就业的人员。主要包括三类：第一类是女 40 岁及以上、男 50 岁及以上；女 35 岁及以上、男 40 岁及以上且失业一年以上，符合享受城镇居民最低生活保障待遇的人员；第二类是符合享受城镇居民最低生活保障待遇的残疾人员；第三类是“零就业家庭”人员。目前，我县协管员主要来自富帛公司、县水泥厂、化工厂下岗人员和檀营转制人员。

2. 数量种类。北京市开发社区公益性就业岗位，从政策上最早要追溯到 1999 年《北京市关于建立社区公益性就业组织安置下岗职工有关问题的通知》，当时仅限于保安、保洁、保绿 3 类岗位。2006 年，我县国有企业转制过程中出现了较多下岗失业人员，为解决这些人员的再就业问题，县政府招聘了首批协管员(社区矫正协管员)。自此协管队伍不断扩大，截至 2011 年 4 月底，我县登记在册协管员共 1833 人，涉及治安、城管、社区矫正、流动人口管理、劳动保障、劳动监察、社区服务、养老助残、残疾人、计划生育、工会、税务、信访等 13 种岗位。在实际工作中整合为六大类，即：治安协管员 1073 人，劳动保障协管员360人，城管协管员146人，社区矫正协管员100人，养老助残员122人，残疾人协管员32人。

全县农村共有“六护”人员11839人，其中生态林管护员8199人，保洁员1944人，管水员1000人，专职“六护”员696人。

3. 工资待遇。《办法》规定，社区公益性就业组织安置就业特困人员从事社区公益性就业岗位，享受社区公益性就业组织专项补贴（简称“专项补贴”）。专项补贴用于支出就业特困人员的工资、“五险一金”（基本养老、医疗、失业、工伤、生育保险及住房公积金）、独生子女费、防暑降温费以及必要的劳动保护用品、管理费。专项补贴标准按劳动合同签订之日本市上年职工平均工资的50%~70%。我县目前执行标准为本市上年职工平均工资的58%。2011年，我县协管员人均专项补贴为28097元，协管员工资待遇为：工资1160元/月（北京市最低工资标准），年工资13920元/人；保险833元/月，年保险9996元/人；住房公积金278元，年3336元/人；年防暑降温费240元/人，年取暖费390元/人，共计27882元/年。

4. 人员管理。分为两类情况。一类是由镇街公益性就业组织招聘的人员。目前，我县共建立了4家镇街公益性就业组织，分别为鼓楼街道的檀州劳务服务中心、果园街道的佳美劳务服务中心、密云镇的云城绿洲劳务服务中心和溪翁庄镇的云之美劳务服务中心。这4家公益性就业组织共招聘协管员1072名。这部分人员的招聘、管理统一由本镇街公益性就业组织负责。

另一类是由县人力社保局设立的县级公益性就业组织春鼎劳务服务中心招录的人员，共计761人。这部分人员主要实行主管单位、县公益性就业组织、用人单位“三重管理”方式。县直部门作为派出单位提出招录申请，负责对协管员进行业务培训、业务指导和业务考核。县社区公益性就业组织负责招录、聘用，与录用人员签订劳动合同，建立劳动关系，负责协管员的人事关系管理、工资待遇发放、岗前培训等。街道（地区）、各镇作为用人单位，负责对协管员进行日常工作管理。

二、目前我县协管队伍存在的主要问题

1. 管理体制机制不顺。一是缺乏统一管理。镇街、县级公益性就业组织没有相互隶属关系，5 家公益性就业组织各自为政，造成一些岗位相同协管员工作标准不统一、工作量轻重不一、管理宽严度不一，进而造成协管员相互攀比，影响作用发挥。二是县级社区公益性就业组织招录的协管员实行“三重管理”，造成管理权与使用权的相对分离，产生了“管理单位不用人，用人单位无权管”的现象。《办法》规定，社区公益性就业组织对协管员进行综合考评。但实际工作中，社区公益性就业组织不掌握协管员的日常情况，无法对其进行全面、客观的评价与考核，致使年终考核等流于形式。用人单位没有招录权、辞退权和最终考核权，日常管理形同虚设，很难对协管员进行统一调度，有效管理。少数协管员认为自己是县主管部门派出的、县级社区公益性就业组织招聘、管理的，不服从或不能较好服从镇街用人单位的管理。三是缺乏统一协调管理。县级层面缺乏对协管员招录、使用、管理等工作的宏观协调管理。街道（地区）、镇用人单位对各类协管员缺乏统一管理、综合使用。

2. 岗位职责设置不尽合理。一是协管员定位不明确。现有协管员是以解决就业为目的而招录的 35、40，40、50 及零就业和家庭困难人员，但实际工作中，部分用人单位对协管员存有依赖心理，将协管员视为工作主力军，出现了“辅助性岗位变管理岗位”的现象。用人单位对协管员岗位的调整导致部分与社区专职工作者一起办公的协管员，认为同工不同酬，产生了攀比心态。

二是职责设置不尽合理。如流动人口和出租房屋协管员、养老助残协管员和劳动保障协管员都有信息采集职责，但由于部门之间相互独立，缺乏良性互动，限制了彼此之间成果共享，出现了信息重复采集、人力资源浪费的现象。三是分工不尽合理。调查中发现，有的协管岗位工作量较大，从早忙到晚，而有的协管岗位工作量不饱和，十分轻闲，存在同一地区内协管员苦乐不均的现象。四是“管理”和“操作”脱节。“协管”，是从事管理的辅助性工作。实际工作中，一些“协管”成了“不管”，只管报告信息，当“传声筒”，连一些举手之劳的操作性工作都要上报有关部门处理。

3. 队伍整体素质不高。通过对调查问卷的基本数据分析看出，我县协管队伍有以下五个特点：一是年龄偏大。协管队伍中41—50 岁的协管员有 1475 人，占总数的 80.5%；51—56 岁以上协管员有 153 人，占总数的 8.3%。二是女性偏多。女性 1276 人，占总数的 69.6%。三是文化偏低。大专及以上文化程度 184 人，占总数的 10%；高中文化程度 1033 人，占总数的 56.4%；初中及以下文化程度 616 人，占总数的 33.6%。四是党员偏少。党员158 人，仅占总数的 8.6%。五是职业素质偏低。由于大多数协管员年龄偏大，缺乏社会管理方面的专业培训经历，文字和口头表达能力较弱，敬业精神不强。调查发现，个别协管员认为政府设立的公益性就业岗位是一种社会福利与社会救济，就是为了安置下岗失业人员，做不做事无所谓，工作中服务意识、责任意识和危机意识不强。个别协管员不遵守工作纪律，不注重仪表，影响了政府形象。

4. 工资待遇偏低。随着社区管理任务不断加重，协管队伍承担了更多的责任和任务。据不完全统计，现有协管队伍承担的各项工作近百项，在“两会”、“国庆”等特殊时期，还要承担安保等特殊工作任务。如社区矫正协管员工作任务涉及十方面，包括

20余项具体内容。流动人口和出租房屋管理员工作职责，划分为七方面19项具体任务。然而，我县协管员工资始终为北京市最低工资标准，2006年640元，2007年730元，2008年、2009年800元，2010年960元，2011年1160元。据了解，除治安协管员有200元夜班费外，其他协管员没有其他收入。同时需要指出的是，目前的协管员大都是35、40，40、50人员，正是上有老、下有小，家庭负担最重时期，过低的工资待遇在一定程度上影响了协管员的工作积极性。

5. 业务保障经费不足。《办法》规定，专项补贴主要用于协管员工资、社会保险及住房公积金、管理费等，并没有规定履职业务经费来源。据统计，2010年我县5家社区公益性就业组织，除支付协管员工资、“五险一金”等规定支出外，仅剩余约15万元。除春鼎劳服中心外，其余4家均存在经费紧张的问题。如果园佳美劳服中心，在不考虑支付独生子女费、购买劳保用品、提取管理费用的情况下，年亏损77万余元。鼓楼檀州劳服中心每年需要250万元左右的运行经费。目前，协管员统一服装，装备手台、必要交通工具等大项支出和购置办公用品等日常办公经费均由镇街自筹解决。

三、整合提升协管力量的对策建议

（一）完善管理体制机制，明确责任分工

明确由密云县社会建设（综治）领导小组统一领导全县协管队伍的建设和管理工作，县社会办、综治办、农委、人力社保局、财政局、协管员派出部门、各镇街为成员单位。领导小组负责研究决定协管队伍招聘、使用、管理中的重大事项。领导小组在县社会办下设办公室，负责具体协调。

明确各部门职责，形成各负其责、相互配合的工作格局。县

人力社保局负责社区公益性就业组织的管理工作，包括建立例会制度，认定就业特困人员，专项补贴的申请、核查、拨付，专项补贴使用的监督检查等。财政局负责全县协管队伍专项经费管理工作。各协管员派出部门负责提出本系统协管员招录申请、对协管员进行业务培训、业务指导、提出业务考核建议。各街道（地区）、镇负责提出本地区协管员招录申请，对协管员统一整合、综合使用、考核奖惩，提供相应业务经费保障。为统筹全县人力资源使用、节省招录成本、提高工作效率，镇街公益性就业组织不再负责协管员招录工作，由县级公益性就业组织统一负责协管员招录工作，有关部门、镇街给予配合。

（二）按照网格化管理模式整合协管力量

由县社会办（综治办）牵头，有关部门参与，街道（地区）、各镇组织实施，派出部门、社区公益性就业组织积极配合，依托我县智能化社会服务管理体系，将全县协管员全部整合到网格中。

1. 科学合理划分网格。打破现有网格的单一地理划分方式，从管理服务和地理区域两个方面入手，按照不同服务管理内容，结合地理位置和区域服务管理需求分别划定网格。城市以社区、居民小区、居委会、居民小组为基础，结合区域面积和管理服务工作量划分网格。农村要充分考虑辖区地形地貌和自然条件，充分考虑村民居住习惯和生活习惯，本着方便群众、易于管理原则，以村、队所辖区域为基础划分网格。

2. 整合协管力量进入网格。根据网格区域大小、管理服务需求种类、工作量多少，确定进入网格的协管员种类和数量。为避免协管由辅助性岗位变成管理岗位，社区干部、社区专职工作者（社区服务站的社区工作者除外）以管理岗位，同协管员一起，以团队式共同进入网格。社区干部或专职工作者任格长，下设若干工作单元。针对农村网格治安协管员力量不足的状况，将 1.8 万名“六护”人员、基层党员、村民代表、志愿者等整合充实到网格管理中。

3. 整合协管网格力量职责。充分考虑与现有管理体制相衔接，协管力量职责的整合采取两种方式。第一种是长期主要方式，实行专业职责为主、其他职责为辅。协管员主要负责履行专业职责，同时根据便利、兼容原则，兼顾其他职责，不同协管员各司其职又互相配合，实现无缝隙管理。网格管理服务出现问题，专职协管员承担主要责任，其他协管员承担次要连带责任。对协管员考核奖惩时，以专职协管员为主，其他协管员为辅，共同受奖，共同受罚，主次分明。第二种方式是短期次要方式，即遇有重大活动、重要节庆安全保卫等中心工作时，以中心工作职责为主，自身专业职责为辅，集中力量共同完成中心工作，同时兼顾自身专业职责。此外，应按照农村网格化管理要求，赋予农村“六护”人员相应职责，使其在做好“六护”工作的同时，协助做好社会服务管理工作。

4. 整合协管网格工作流程。本着简便、实用原则，建立信息收集、处理上报、结果反馈工作流程。协管员通过巡查、入户调查等方式收集信息，建立信息台账；协管员对能够处理的事项，及时处理，对不能处理的事项上报格长处理，本网格不能处理的事项，报上级社会服务管理平台处理；各项事项处理完毕后，及时反馈网格协管员进行销账。为简化工作流程，提高工作效率，整合协管员信息收集职能，实行信息统一收集，资源共享；增强协管员“操作”职能，配备必要装备，对一些简易的工作，由协管员直接操作办理，减少上报事项。

（三）完善制度，促进协管队伍管理的规范化

县社会办（综治办）牵头，人力社保局、协管员派出部门、

部分街道（地区）、镇参与，研究制定《密云县协管队伍管理办法》，对全县协管员的招聘、录用、培训、工资福利、考核、奖惩、辞退等做出具体规定，对协管员进行统一管理；研究制定《密云县协管队伍立体分类式网格化管理职责管理办法》，明确协管队伍职责整合的办法、工作流程等，确保协管力量整合到位。县人力社保局牵头，研究制定《密云县社区公益性就业组织管理办法》，明确公益性就业组织的设立、职责、管理制度，确保规范运作。这些制度经县委、县政府批准，印发全县执行。

（四）加大培训力度，调整招录对象，提高协管员素质

目前我县协管员队伍年龄偏大、文化程度不高、专业素质不强、整体工作能力较弱，必须加大培训力度。同时，整合协管力量，又赋予协管员更多职责，也要求进一步加大培训力度，尽快提高协管队伍的整体素质。培训重点内容：一是加强职业道德培训，提高思想水平，增强敬业精神；二是加强岗位职责培训，提高专业素质和履职能力；三是加强综合能力培训，提高文字和口头表达能力，夯实履职基础。根据岗位职责要求，实行岗前培训、在岗培训和专项培训。岗前培训和专项培训由用人单位负责。岗位培训由业务主管部门定期进行集中培训。

根据《办法》规定："就业特困人员的范围，根据区域性社区公益性就业岗位和就业总量的需求，由市人力资源和社会保障部门适时调整、确定"。今后在招录协管员时，应适当调整招录对象，提高准入门槛，着重选拔一批年纪较轻、文化程度较高、政治素质较好的人员，以提高协管队伍的整体素质。

（五）适度提高协管员工资待遇

《办法》规定，北京市社区公益性就业岗位专项补贴标准为劳动合同签订之日本市上年职工平均工资的50%～70%。目前北

京城内各区执行标准为60%～70%，西城区最高，为70%，我县执行标准为58%。建议将我县专项补贴标准逐步提高到70%。如按70%的标准执行，协管员专项补贴将由现在的28097元/人/年提高到35290.5元/人/年，净增7193.5元/人/年。根据《办法》规定，我县专项补贴由市失业保险基金和我县财政按8：2的比例分担。调整到70%后，县财政每年支出总额由现在的1072万元增长到1293.7万元，每年仅增加开支221.7万元。

建立协管员工资正常增长机制。北京市最低工资标准作为协管员每月的基础工资，同时设立工龄工资、学历工资和奖金。工龄工资以参加协管员年数计算，每增加1年增长若干工资。学历工资按不同学历设立若干等次工资标准。奖金分为平时奖和年终奖。平时奖分全勤奖和专项奖（如协助破获案件），具体标准综合确定。年终奖为对年度考核合格、优秀的协管员给予必要奖励。协管员工龄工资和学历工资由专项补贴增加部分支付，不足部分由县财政补充。奖励资金由县、镇街级财政支付。考虑农村“六护”人员工资待遇较低，同时又增加了相应社会协管职能，应适当提高农村“六护”人员工资待遇。

（六）建立协管队伍业务经费保障机制

考虑到社区公益性就业岗位专项补贴中没有协管队伍履职业务经费，县财政应建立协管队伍业务经费保障机制，设立协管队伍专项经费。一是对协管员统一服装、装备手台、配备必要交通工具等数额较大经费实行一事一议，由县财政专项经费集中拨付；二是对购置办公用品等办公经费，按人数核定数额，由县财政专项经费直接拨付给镇街财政。三是协管员奖励资金由县、镇街两级财政按比例支付。

密云县创新立体分类式网格化社会服务管理的探索与实践[①]

县委社会工委 纪海明 李 悦 陈小忠

（2011 年 11 月）

密云县总面积 2229.45 平方公里，占全市面积的 13%，是北京市土地面积最大的区县。密云水库坐落其中，是首都重要饮用水源地。全县辖 2 个街道、17 个镇、1 个地区（民族乡），327 个行政村，农村人口占全县人口近三分之二。当前，密云城市化和工业化进程不断加快，正处于大建设、大发展、大变革的特殊阶段，人民群众的利益诉求呈现多层次、多方面、多样性的趋势，对提高社会服务管理水平、维护社会和谐稳定提出了更高的要求。为了贯彻落实中央和北京市关于加强和创新社会管理的指示精神，在“十二五”时期为经济社会建设营造良好的发展环境，密云县坚持城乡统筹，协调发展。实践中，以解决关系人民群众切身利益和影响社会和谐稳定的突出问题为突破口，以夯实基层社会服务管理基础为重点，广泛动员各种社会力量，为实现“社会建设努力走在全市郊区前列”奋斗目标和建设“绿色国际休闲

① 2011 年 10 月至 11 月，密云县委社会工委、政法委、县社会办等部门对全县网格化体系建设情况进行了调查，对全面推进过程中的典型做法和取得的初步成效进行了总结。本文是社会工委、社会办调查形成的经验材料，原载于 2011 年 12 月由北京出版社出版的《加强社会建设创新社会管理年会文集 2011 · 北京》，另有以本文内容为主的经验材料刊于《北京市社会服务管理创新专报》2011 年第 82 期。

之都”创造和谐稳定的社会环境。

一、创新管理，试点先行

2010年以来，密云县着力推动社会服务管理的科学化、智能化、精细化，积极探索适合密云特点的社会服务管理新路径、新方式，通过东邵渠、穆家峪、石城、不老屯四个镇的试点，推动全县社会服务管理创新工作。

1. 采取“五立四定”措施，实现无缝隙管理。为提升城乡社会服务管理水平，覆盖服务管理盲点，夯实基层维稳基础，去年以来，在东邵渠镇率先开展立体分类式网格化试点，建立了科学民主决策、协调会商、志愿服务、考评激励、责任监督五项机制，强化定格、定人、定责、定流程四定措施，把全镇700余人的协管队伍整合后，配置到216个网格中，初步实现了辖区内的全覆盖、无缝隙、精细化管理。自开展试点以来，该镇没有发生一起越级访、群体访和盗采盗运、破坏山场土地资源的行为。

2. 建立综合服务管理中心，科学管理流动人口。针对穆家峪镇城乡结合部地区出租房屋和流动人口多、各类案件多、私搭乱建违章建筑多、店外经营、占道经营的商户多、垃圾多等问题，建立了刘林池、新农村地区综合服务管理中心，通过进一步强化各级组织的服务管理职能，实现了由条线、单向的管理运行机制向网格、互动的管理运行机制转变。中心集合了公安、工商、城管等部门职能，通过党员、村民代表服务网格化、和谐创安自治协会网格化及流动人口和出租房屋自治协会网格化，形成了横到边、纵到底、全覆盖的“大服务”组织网络，实现了地区环境干净整洁、社会秩序井然、流动人口管理科学的目标，被市公安局确定为9个流动人口管理模式之一，在全市推广。

3. 成立全市首家村务监督委员会，夯实基层社会管理基础。

石城镇根据全县开展农村社会服务管理创新试点的统一部署，结合自身山场面积大，旅游景区多的特点，按照行政村、旅游景区、山场等不同类型区域的空间分布格局、地理特点和服务管理需求，划分不同的基础管理单元，编制立体分类式网格化社会服务管理图，整合1100余人成为网格单元内服务管理力量，实现了对辖区人、地、物、事、组织服务管理全覆盖。在此过程中，石城镇借鉴先进经验，完善以村党支部为领导核心、村民会议和村民代表会议为决策机构、村民委员会为管理执行机构、村务监督委员会为监督机构的村民自治机制，2011年6月1日在石塘路村成立了全市首家村务监督委员会，并于6月底在其余14个行政村全面建立村务监督委员会，夯实了基层社会管理基础。

4. 依托精细化服务管理，维护地区和谐稳定。不老屯镇地处密云北部山区，紧邻密云水库，矿产资源丰富，保水护矿责任较重，群众诉求多元化。为将基层矛盾化解在萌芽状态，不老屯镇按照“细化管理单元、整合管理力量、创新管理机制、明确管理职责”的原则，成立了网格化社会管理中心，建立农村社会管理服务网络。以综治维稳、流动人口管理、“六护”（护水、护河、护山、护林、护地、护环境）、志愿服务、党建等为主要内容，合理划分区域管理网格。各网格管理团队牢牢把握服务群众、化解矛盾、促进发展这一核心，充分了解社情民意，及时化解乡村矛盾，把不稳定因素消除在萌芽之中。特别是在两会期间实现了无越级访、无集体访、无到非上访地区上访，无恶性案件发生。

二、多措并举，扎实推进

通过试点镇的摸索和创新，探索出了东邵渠镇“五立四定”实现精细化、无缝隙管理，穆家峪镇城乡结合部流动人口管理，石城镇依托村务监督委员会夯实社会管理基础，不老屯镇网格化管理化解基层矛盾等一系列经验。在此基础上，2011 年 6 月 22 日，县委、县政府制定下发《关于推进农村网格化社会管理工作的意见》。6 月 23 日，召开了全县社会管理创新暨推进网格化社会管理工作现场会，将此项工作列入年终考核，专门成立了督导检查组，对各镇街的推进工作进行督导检查，立体分类式网格化社会服务管理工作在密云全面推开。

1. 科学划分网格。充分考虑辖区地形地貌和自然条件和居民的居住习惯和生活习惯，本着方便群众、易于管理的原则，以自然村落、土地山场、公路、河流、旅游景区等为基本地理单元，以治安、司法、流管、劳动保障、工会、城管、“六护”等职能为业务单元，构建横向划分地域关系，纵向划分业务层级的立体分类式网格。做到管理网格责任区与村（社区）、队（组）设置基本吻合，与现行管理体制相一致，实现对城乡各类人、地、物、事、组织的全覆盖、全时空、立体化、动态化管理。

2. 理顺体制机制。县职能部门积极支持各镇党委、政府，并融入网格化社会服务管理工作中，结合各自职能，将派驻各镇街的工作力量全部下沉到网格中，建立镇街、村（社区）两级网格化社会服务管理平台，合理确定网格管理员、村（社区）社会服务管理站、镇指挥中心的管理权限，共同推动基层力量的整合、职能服务的综合、工作衔接的配合。

3. 调动各方力量。发挥基层党组织的领导核心作用和基层自治组织的工作主导作用，努力做到每个网格中至少有一名党员或村（居）民代表；发挥群众志愿服务的作用，拓展便民、卫生、文化、治安、矫正帮教、邻里纠纷调解等志愿服务内容，做到专业服务与志愿服务充分结合；调动基层治安、司法、流管、社会保障、工会等职能部门协管员队伍，整合基层的护林员、保洁员、管水员、护路员、“六护”巡查员等各种力量，按照职能类别将其灵活配置到网格单元中，确保每一寸土地都有人管，每一项任务都有人落实。

4. 确定管理职责。根据社会服务管理工作内容，在充分考量网格社会管理员原有职责的基础上，突出阶段性工作特点，新增治安巡查、流动人口管理、重点人帮教稳控、人民内部矛盾排查调处、民生服务、违章建设举报、防汛应急抢险等工作职责，努力做到原有职责不变、新增职责合理可行。充分发挥网格管理员的积极主动性，实现对网格内所发生事件的及时发现、及时报告、及时处理、及时反馈。

5. 规范管理流程。充分发挥镇街综治维稳工作中心的枢纽作用，依托现有群防群治工作模式，合理确定网格管理员和各级社会服务管理平台的管理权限，从信息搜集、案卷建立、任务派遣、处理反馈、核实结案等环节，规范各类事项从发现、报告、处置到办结各个环节的工作流程，做到第一时间发现问题，第一时间解决问题，实现居民的自我服务和自我管理。

6. 健全考核机制。根据实际需要，进一步规范运行机制、网格管理员的考核办法和奖励激励机制，并把网格化考核与村级干部“三位一体”的绩效考核评价体系相衔接。县委、县政府还通过以奖代补方式对工作先进单位给予倾斜。

三、积极落实，成效显著

各镇街按照县委、县政府要求，结合自身实际积极落实立体分类式网格化社会服务管理工作，经过一段时间的实践，取得了显著成效。

1. 形成了广泛参与、共建共享的社会服务管理局面。通过立体分类式网格化社会管理工作，在基层党委、政府的统一领导下，各类服务管理资源得到了有效整合，社会力量的作用得到了充分发挥，广大群众和社会各界参与农村社会管理的积极性和主动性显著增强，初步形成了广泛参与、共建共享的良好社会管理局面。

2. 实现了社会服务管理无缝隙。群众真正需要的、各部门延伸不到的、具体的服务项目都能够融入到立体分类式网格化社会服务管理工作中，方便了广大人民群众的生活，更多的群众亲身感受到这项工作带来的方方面面的变化和实实在在的好处。

3. 夯实了农村社会服务管理基础。每一名基层党员和村（居）民代表都在网格化管理中设岗定责、发挥作用，使这项工作体现党的领导，体现村民自治，体现党员干部的模范性和先进性，党组织和党员在群众中的威信不断提升，党群关系更加融洽，有力地推动了党建工作的开展。

4. 维护了社会和谐稳定。在已全面推行立体分类式网格化的镇街，信访群众人次大幅下降，没有重大恶性刑事案件发生，盗采盗运等破坏山场土地资源行为基本杜绝，违法建设和非法经营行为得到有效遏制，城乡社会更加和谐稳定，全县群众安全感、满意度继续排名全市前列。

5. 在特殊事件中发挥了重要作用。2011 年 7 月 24 日，密云县遭遇百年一遇特大暴雨，13 个镇受灾严重。基层党员、村民代表和相关职能部门工作人员在各自网格内事先做好应急避险预案的落实、及时组织危险地区群众撤离。灾情发生时，以网格为单元，积极组织自救互救。依托网格化、精细化服务管理，避免了更大损失的发生。

建立网格化社会管理机制 推动农村社会管理创新工作[①]

县委政法委

（2011 年 11 月）

近年来，我县坚持推进落实网格化社会管理机制，通过东邵渠镇、不老屯镇、穆家峪镇、石城镇四个镇的试点工作，积极探索适合我县地域特点的农村社会管理新路，推动了农村社会管理创新工作，在全县初步形成了广泛参与、共建共享的农村网格化社会管理格局，维护了农村社会的和谐稳定。

一、各方参与，织“网”画“格”

1. 各镇合理划分本辖区管理网格。各镇充分考虑辖区地形地貌和自然条件，充分考虑村民的居住习惯和生活习惯，本着方便群众、易于管理的原则，以自然村落、土地山场、公路、河流为基本框架，合理划分了管理网格、确定了网格类别，做到管理网格责任区与村、队（组）设置基本吻合，与现行管理体制相一

① 2011 年 10 月至 11 月，密云县委社会工委、县委政法委、县社会办等部门对全县网格化体系建设情况进行了调查，对全面推进过程中的典型做法和取得的初步成效进行了总结。本文是政法委调查形成的经验材料，原载于《密云情况 · 工作交流》2011 年第 27 期。

致、相衔接，为实行网格化管理提供了基础条件。

2. 基层党员、村民代表发挥模范带头作用。网格内的基层党员、村民代表在镇党委政府的鼓励支持下，把网格化管理工作与党员“双承诺”、无职党员设岗定责、村民代表设岗定责活动结合起来，积极发挥模范带头作用，充分调动了广大群众参与网格化管理的积极性、主动性。到目前为止，已经实现了每个网格中至少都有一名党员或村民代表。

3. 各类协管力量成为网格管理主体。目前，我县各类协管员近 11000 人，各镇积极整合本镇协管员力量，将其统一为网格管理员，实行一岗多责、统一着装上岗，组织参与网格内日常巡查、问题处置和信息上报等工作，在不增加人员、支出的前提下，建立了以护林员、保洁员、护路员等各类协管员为主体的网格管理员队伍，并全部配置到管理网格中，确保了辖区每一寸土地都有人管，每一项任务都有人落实。

4. 相关职能部门积极协同配合。司法、信访、公安等职能部门通过派出专人在镇农村网格化管理指挥中心办公，或者镇派出机构与镇农村网格化管理指挥中心共用办公场地的方式，积极协同配合网格化管理工作，实现了网格内资源的整合、工作的综合，保证了网格化管理的效率和水平。

5. 营造广泛参与氛围。县综治办、各镇充分利用报刊、电视、互联网等大众传媒，切实加大工作宣传力度，让广大群众切身感受到开展农村网格化社会管理工作带来的新变化，提高群众自我服务和自我管理的能力。

二、党委领导，建章立制

1. 基层党组织发挥领导核心作用。各镇农村社会网格化管理领导小组组长均由镇党委书记担任，镇党委副书记负责具体实施工作，村党支部书记为村社会网格化管理指挥中心主任，负责村级网格的管理、指导工作。

在镇党委的领导下，各镇建立起了由镇农村网格化社会管理领导小组、镇农村网格化社会管理指挥中心（农村社会网格化管理办公室）、村网格化社会管理指挥中心、网格管理员组成的管理权限明确的层级管理体系，为农村网格化社会管理工作的开展奠定了良好的体制机制基础。

2. 明确网格管理员职责。各镇在充分考量网格管理员原有职责的基础上，合理确定了新增工作职责，做到原有职责不变、新增职责合理可行。

3. 规范网格管理工作流程。各镇充分发挥镇综治维稳中心的枢纽作用，从信息搜集、案卷建立、任务派遣、处理反馈、核实结案等环节，规范了各类事项从发现、报告、处置到办结的工作流程，实现了村民的自我服务和自我管理。

4. 建立健全考核奖励机制。根据实际需要，进一步规范村级指挥中心、网格管理员的考核办法和奖励激励机制，并把村级指挥中心的考核与村级干部“三位一体”的绩效考核评价体系相衔接。县委、县政府还通过以奖代补资金方式对工作先进单位给予倾斜。

5. 注重发挥现代信息技术的作用。各镇坚持网格化管理与信息化建设的有机结合，通过为网格管理员配置手机、为村指挥中心配备电脑、在镇指挥中心建立电子台账等信息化手段，提高了网格管理的效率和精度，实现了对网格内人、地、物、事、组织的全覆盖、全时空、立体化、动态化管理。

三、整体推进，成效显著

通过试点，进一步探索了经验，制定出台了《县委、县政府关于推进农村网格化社会管理工作的意见》，指导全县 17 个镇全面推进农村网格化社会管理工作，取得了显著成效。

1. 初步形成了广泛参与、共建共享的良好农村社会管理局面。通过农村网格化社会管理工作，在基层党委政府的统一领导下，基层的各种人力资源和社会力量得到了有效整合、凝聚和运用，增强了群众参与农村社会管理的积极性和主动性，初步形成了广泛参与、共建共享的农村良好社会管理局面。

2. 有力推动了农村基层党建工作。在推行农村网格化社会管理工作中，镇党委、村党支部、村党小组、基层党员充分发挥了领导核心和先锋模范作用，党组织和党员在群众中的威信不断提升，党群关系更加融洽，有力地推动了党建工作的开展。

3. 农村社会管理水平得到明显提升。通过推行精细化、科学化、信息化的网格化管理，农村社会管理水平得到明显提升。在已全面推行网格化社会管理的镇，信访群众人次大幅下降，没有重大恶性刑事案件发生，盗采盗运、破坏山场土地资源行为基本杜绝，有力地维护了农村地区的和谐稳定。

河南寨镇推进网格化体系建设实现社会服务管理机制创新①

河南寨镇

（2011 年 10 月）

密云县农村网格化是按照市委加强和创新社会服务管理工作的要求在农村地区探索社会服务管理的新尝试。农村网格化社会服务管理工作是在党组织的领导下，以服务群众为根本宗旨，以维护社会稳定为基本目标，以党员干部为骨干力量，整合各种社会资源，通过专群结合和志愿服务，实行镇农村网格化社会服务管理领导小组、镇指挥中心、村服务站和单元网格四级服务管理平台，对人、地、物、事组织进行有效服务和管理。河南寨镇通过一段时间的实践，取得了一定的成效。

一、基本情况

河南寨镇位于密云城南 3 公里，京承高速密云第一出口处。地处密云、顺义、怀柔三县（区）交界，西部紧邻县经济开发

① 2011 年 10 月 27 日，刘淇和郭金龙同志到密云县河南寨镇调研，对农村网格化社会服务管理取得的成绩给予肯定，并称赞整合公益岗位人员为网格化社会管理员，实现了一岗多责、一专多能，是创新。这是河南寨镇党委为本次调研准备的辅助说明材料。

区，是密云县规划新城南区和密云生态商务区。全镇辖28个行政村、8770户、24598人，有外来人口4124人，出租房屋320户、850间。镇域面积66.7平方公里，其中耕地2582公顷，山场30360亩，林地9800亩。全镇以工业、农业、旅游业为三大主导产业。2011年，预计全镇农村经济总收入实现19.5亿元，农民人均纯收入13000元，财政收入3000万元，社会固定资产总投入2.92亿元。按照县委在全县创新推进农村网格化社会服务管理工作的有关要求，我们将全镇划分为458个网格（村庄234个、土地188个、山场36个），建立立体分类式网格化社会服务管理格局。

二、主要做法

按照县委的要求，成立了镇农村网格化社会服务管理领导小组，由党委书记和镇长任组长，分管副书记任常务副组长，其他副职领导任副组长，相关部门负责人和各村书记为成员。领导小组主要负责研究制定全镇农村网格化社会服务管理的发展规划、年度目标任务、规章制度，对镇指挥中心和村服务站进行监督考核。镇指挥中心设在镇政府，实行24小时值守，每班4名工作人员。主要负责全镇信息收集、分解处理、动态监察、应急处理等方面工作；村服务站设在28个村部，实行24小时值守，由村书记、主任分别任正副组长，每班3名工作人员。主要负责本村区域内单元网格的日常管理，及时协调处理各个网格员不能解决处理的问题，必要时向镇指挥中心请求协助处理，同时对网格员进行监督考核；每个单元网格内由3—5人负责，其中至少有一名党员、村民代表或者入党积极分子，每个网格夜间有1—2人负责巡视。网格员除了负责本职工作外，还负责管理社会治安、民事调解、流动人口、打击邪教组织和盗采盗运、保护耕地、制止私搭乱建，维护环境卫生、临时救助、护林防火、政策宣传，向村服务站请求协助处理农业技术服务以及群众需要帮助解决的其他问题。整合各种社会资源，建立起“人防+技防+物防”的立体防控体系。将党员、村民代表、入党积极分子、保洁员、护林员、管水员、计生宣传员、流管协管员等1376人整合为农村网格化社会服务管理员，充实到各网格中，建立“堡垒型”无缝隙社管队伍。镇政府投入300万元在全镇安装视频监控系统700多组，探头243个，专用手机343部，实现了人防、技防、物防“三位一体”。

三、取得的成效

农村网格化通过创新农村社会服务和管理，实现了小事不出格，大事不出村，事事有人管，件件有落实。主要体现在：

1. 实现了社会服务管理无缝隙。以镇党委、政府班子成员为主的农村社会网格化服务管理领导小组的成立，从组织上保证了网格化管理与现有行政管理的无缝对接，实现了网格化管理运行机制与现有行政管理运行机制的有机结合。明确划分网格的责任区范围，从空间上保证了网格的无缝对接。同时，网格化管理队伍负责网格内日常巡查、问题处理和信息上报等，做到了“人防+技防”、“人员+视频”、“巡查+监控”的“三统一”，确保了每一寸土地都有人管，每一项任务都有人落实。

2. 促进了地区和谐稳定。实行网格化管理以来，我镇治安案件下降了33.3%，司法调解成功率提高了10%，群众信访明显减少，非法活动、盗采盗运、破坏山场土地资源行为基本杜绝，违法建设和非法经营行为得到有效遏制，社会秩序得到了巩固和加强。

3. 实现了社会服务管理资源的合理配置。网格化管理队伍整合各类协管人力资源，将无职党员、村民代表、入党积极分子和志愿者等社会资源充实到各个网格中，实行一岗多责和立体分类式管理，参与社会服务管理。他们主动担当起维稳工作调解员、党建工作宣传员、社会管理监察员的角色，形成了一支“全方位、多角度”全能型社会服务管理队伍，实现了社会资源的有效整合和合理配置。

4. 增加了社情民意沟通渠道。在日常工作中，网格化管理员及时将群众提出的问题和建议向村党支部反映，并帮助协调解决。通过民情联席会制度，采取定期、定点、定员恳谈的形式，畅通了“听民生、解民忧”的渠道，村民把村干部当成了知心朋友，党群、干群关系变得更加密切和融洽。两河村曹雨田说：“现在村里越来越干净，生活又好，心里高兴。我虽然60多岁了，也要给村里做贡献。我负责的网格有30户，没事我就转转，看看村民们有啥事儿需要向村干部说的，我就及时跟村干部说。”

5. 提升了村民文明素质。通过倡导传统文明、培育道德风尚，村民文明素质不断提升，社会风气更加和谐，民风更加淳朴，社会风气更加纯正，社会认同感和社会责任感更加提高。如：荆栗园村村民李庆昶将新农村建设取得的成就编成快板向村民演唱，目前在我镇有许多村民像李庆昶一样，通过自编自演节目展现新农村的变化。

搭建平台 组团入格 科技驱动
鼓楼街道积极开展网格化社会服务管理[①]

鼓楼街道

（2012 年 2 月）

鼓楼街道结合实际，以“社会管理网格化、精细化，社会服务智能化、便捷化”为理念，以“统一规划、分步实施、重点推进”为原则，以整合社区力量、完善网格化管理、加强社区服务为目标，积极推进立体分类式网格化社会服务管理工作，在服务中实施管理，在管理中突出服务，取得了较好效果。

一、主要做法

1. 搭建两级平台，确保高效运转。建立了职责明确、任务清晰、高效运转的两级社会服务管理工作平台，为加强社会服务管理工作提供组织保障。街道层面建立了领导小组，下设网格化社会服务管理指挥中心，统筹辖区社会服务管理工作。在沿湖、东菜园、云秀花园 3 个试点社区成立社区服务管理站，协调辖区内

① 鼓楼街道是密云县最早开展城市网格化管理的辖区。2011 年 6 月，密云县全面推进立体分类式网格化体系建设后，鼓楼街道积极推动城市网格化管理向网格化社会服务管理转变，本文就是该街道实施网格化社会服务管理的做法和成效，原载于《密云情况 · 工作交流》2012 年第 5 期。

网格间的工作联动，处理社区职能范围内的公共服务管理工作，并对发现的重大突发事件及时快速反应。

2. 科学合理划分网格，精细化管理城市要素。将街道辖区划分为一级网格 18 个，二级网格 52 个，“人、地、物、事、组织”要素全部纳入网格管理。一个网格设一名格长，根据网格内服务对象多少合理安排格员，形成街道指挥中心至社区服务管理站站长、站长至网格格长、格长至网格管理员“四个环节”的无缝隙“链接”，为居民提供直接、高效的服务。

3. 把党支部建在网格上。以“创先争优”活动为载体，在网格内充分发挥党员先锋模范作用，广泛开展党员“双承诺”活动、党员设岗领责及共驻共建“时间银行”志愿服务存储卡活动，确保每名党员都在网格中。以党建为引领，加强与新经济组织和新社会组织的联系，引导“两新”组织在所属网格内参与社会服务管理。坚持党建带群团组织建设，带动工会、共青团、妇联等“枢纽型”社会组织积极参与社区服务管理。

4. 整合各方力量，开展“组团式”入格服务。围绕社会服务管理的具体工作任务，科学配置网格人员，组建“一长四员七类志愿者”队伍（网格格长+网格管理员、网格助理员、网格巡查员、网格警员+社会治安志愿者、社区宣传志愿者、文体活动志愿者、扶困助残志愿者、民意征集志愿者、民事调解志愿者、环境卫生志愿者），按照相应的服务和管理职能同步进入网格，形成“人在格上、事在网中、一岗多责、一员多能、集中管理”的工作格局。完善街道领导包片、科室包社区工作制度，将各科站办所工作下沉到网格，使服务落实到基层、网格反映的问题解决在基层。

5. 明确工作职责，梳理服务内容。统一明确社区服务管理站站长、网格格长、网格社会管理员的工作职责，制定了社会管理员工作制度、社区网格例会制度、考评制度及工作流程。对社会管理和公共服务所包含的全部内容进行详细梳理，明确每项工作的责任主体、具体责任人和任务标准，并将相关信息在网格内醒目位置予以公布，接受居民的监督。

6. 优化工作流程，提高办事效率。建立健全信息收集、任务派遣、监督考核三大运行控制系统，采取网格员发现问题上报信息、96156热线呼叫系统或电子保姆接报信息、居民直接表达诉求三种方式收集信息。通过社区网格分派、街道智能化服务平台分派等方式，将巡查中发现的问题、隐患和居民的诉求在格内及时解决。由社区党总支、社区居委会、社区居民、物业公司、业主委员会、商管协会等代表组成的监督小组负责对网格内社会管理综合服务进行监督考核，形成社会服务管理有人报、事件有人管、处理有反馈、结果有监督的工作局面。

7. 科技驱动，助推社会服务管理工作信息化。一是畅通信息报送渠道。依托北京移动密云分公司的支持，在街道、社区安装“企信通”两级服务平台，为各社区服务管理站站长、网格格长及社会管理员配备无线终端270部。二是积极推进智能化服务。完成了沿湖、东菜园试点社区134部“电子保姆”呼叫器的安装工作，签约“电子保姆”服务商16家，服务内容涵盖餐饮、家电维修、家政服务等多个领域。在22个社区服务站安装智能刷卡终端，社区居民不出社区便可享受缴纳水电费、燃气费、电话费、手机充值等多项电子支付服务。

二、取得的成效

1. 社区居民的多元化服务需求得到有效保障。辖区20余家老年餐桌及老年日托所、35家加盟服务商、500多个社区服务网点（不含个体）等社会服务资源纳入网格，推进了“一刻钟社区服务圈”建设，满足了居民个性化、多样化服务需求。

2. 政府与居民的互动渠道更加顺畅。网格内配备的无线终端组成了一个虚拟网络，网内号码本地通话免费且不限时长，方便了网格员反映问题及居民反馈意见和建议，实现了街道、社区两级平台有效互动。

3. 为党员进网格服务居民、奉献社区搭建了平台。在网格内开展“组织所要、党员所能、居民所需”的“时间银行”志愿服务活动，党员的先锋模范作用得到充分发挥，社区党员的荣誉感、责任感进一步增强，推动了创先争优活动的深入开展。

4. 社区资源得到有效整合。实现了社区党员、驻区单位、辖区商户、居民楼组长、社区志愿者、社区专职工作者与社区劳动、治安、城管、计生、流管等各类协管力量的充分整合，构建起社会组织、驻区单位积极参与，专群结合、条块结合、社群结合的社会服务管理工作格局。

5. 社区治安明显好转。截至目前，试点社区服务管理站共收集社情民意信息 120 条，化解矛盾纠纷 15 起，消除各类安全隐患 40 余起，居民安全感明显增强，基本实现了身边事不出网格、小事不出社区、大事不出街道，把矛盾化解在了萌芽状态。

果园街道整合各方力量
扎实推进网格化社会服务管理工作①

果园街道

（2012 年 4 月）

果园街道坚持以人为本、服务为先的工作理念，用群众工作统筹社会服务管理，明确了深化社区服务、细化社会管理、强化社会稳定三大任务，以区域党组织互动共建为纽带，建立一个模式，构建一个格局，完善四个体系，积极推动专业力量尤其是政法力量进社区、入网格，努力使辖区的网格化社会服务管理向集约化、规范化、精细化迈进。

一、网格化社会服务管理总体情况

果园街道在全街道范围内分三级划分若干单元网格，一级网格指街道整个辖区，责任人是街道；二级网格 11 个社区，责任人是社区居委会；三级网格（即单元网格）划分成 62 个服务管理单元网格。同时依托县民防局建设在街道 6 层投资 80 多万元的视频平台，建立了果园街道网格化社会服务管理中心平台，视频

① 本文是果园街道全面推进网格化社会服务管理体系建设的经验材料，原载于《密云情况 · 工作交流》2012 年第 21 期，编入本书时有删减。

信号监控端口与西滨河派出所监控系统共享，24 小时有人看守，基本实现了时间上、空间上、地域上全覆盖。

二、网格化社会服务管理的主要做法

一个模式：积极探索建立党组织引领、专业部门支持、社会力量参与、社区居民自治的社会服务管理模式。街道通过与辖区单位进行互动共建和相互结对，使专业部门力量下沉至网格，更好地服务人民群众，同时调动网格内单位、组织、居民、志愿者等参与社会服务管理的积极性，在提高社会服务管理水平的同时提高社区居民自治的能力。

一个格局：形成了“一中心、四工作组、一站五员三种力量进社区”的社会服务管理工作格局。“一中心”：是指在街道层面，在综治维稳中心、城管治安指挥中心、智能化社区服务呼叫中心的基础上，成立了果园街道社会服务管理中心，与治安指挥中心联网，资源共享。“四工作组”：即社会服务组、矛盾调解组、治安防范组和城市管理组，统一协调全街道的社会服务管理工作。整合各方面力量和资源，在社区层面实行“一站、五员、三种力量”进社区、入网格。“一站”：即以社区服务站为基础建立的社区服务管理站；“五员”：即包社区的街道班子成员任所在社区二级网格和所属三级网格的总协调员、联系社区的各科室长任总督导员，社区书记、主任及班子成员（包括驻区职能部门人员，如城管、工商等）、协管员、楼长分别以网格指导员、管理员、助理员的身份进网格；“三种力量”：组建了社区公共卫生突发事件应急力量、社区治安防控应急力量和社区公共安全突发事件应急力量三种力量进网格。同时，积极推进各种专业力量以不同形式进社区、入网格，驻区单位以党组织结对共建入网格，城管、工商、卫生等以分块包片形式入网格，政法力量以网格指导员的身份进入网格。

四个体系建设：建立了以网格化为基础、信息化和智能化为支撑的社会服务管理组织协调、执行、监督、信息传递“四个体系”。一是组织协调体系。就是指挥中心，作为街道层面的组织协调体系，负责街道7.55平方公里、11个社区社会服务管理的总协调工作。二是任务执行体系。就是“一站、五员、三种力量”在社区怎么完成社会服务管理任务的执行体系。三是督促检查体系。包社区领导、包社区科室对“一站、五员、三种力量”社会服务管理完成情况进行督促检查。四是信息采集体系。即以智能化为基础的各个方面的信息和社情民意的采集，实行了“党代表、人大代表、居民代表”进社区，在社区成立联络站，一方面为三代表发挥作用提供平台，另一方面及时传达上级党委政府一些重大的工作部署、重大决策，把居民群众一些意见建议及时收集上来，及时反映给同级或上级党委政府，及时解决问题。

三、推动职能部门进网格

果园街道以党建互动共建为总抓手，充分利用辖区政法机关集中的优势，在强化区域化党建的同时，大力整合资源，积极协调推动辖区政法力量等智能部门进入网格，促进了辖区和谐稳定。一是为居民提供了便捷、权威和面对面的法律服务，提高了居民的法律意识和素质。公、检、法、司机关在各社区共开展法律宣传320场，受益11万人次；在街道办事大厅举行法律咨询28场，现场解答物业、婚姻、房产、伤害侵权、劳动争议等法律问题1500人次；在社区开庭审理18件，其中现场调解结案16件，现场撤诉1件，现场调解率达到了88%。二是促进了社区矛盾化解，进一步密切了邻里关系、促进了社区和谐。自政法力量进社区活动开展以来，学府花园和果园西里社区的物业纠纷案件同比下降了近30个百分点，业主自动履行率达到了75%，调解率同比上升了近10个百分点。辖区民事诉讼逐年下降，法院受理辖区民事案件连续两年逐年下降10%。

县公安分局驻区民警杜龙创建“三制四步”工作法 夯实群众工作基础①

县公安局

（2012 年 2 月）

密云县公安局在推动新时期群众工作中，坚持把基层警务作为创新群众工作的第一站和重要实践载体，固化“在实践中提炼，在提炼中创新，在创新中进步”的工作模式，促进基层民警不断在本职岗位上建功立业，争当爱民模范。其中，分局西滨河派出所驻区民警杜龙积极主动工作，经过不断实践和探索，创新了“三制四步”工作法：“三制”，即信访代理制、联动会商制、应急服务制；“四步”，即一看、二走、三画、四建的新型网格化管理模式，以此增强与群众的联系，夯实群众基础，具有很强的实践性和示范性。

---

① 本文原载于《北京政法信息》第 279 期。2012 年 2 月 6 日，县委书记汪先永对该材料做出批示：“玉江、张健、洪泉同志：我县网格化管理已取得初步成效，下一步需要进一步完善、细化。杜龙同志的做法很好、管用。这也证明：网格管理员的职责、作用可以进一步细化、具体化、规范化，网格管理员是网格化管理的基层基础力量。请你们认真总结、研究杜龙同志的工作经验，进而推动我县网格化管理工作再上新台阶。”

一、创建“三制”工作法，实现管理型社区向服务型社区的根本转变

一是创建信访代理制。面对社区内矛盾多元、复杂的情况，杜龙通过不断摸索，建立了驻区民警信访代理制，社区居民有任何困难和问题都可以到社区警务站登记，由民警向相关部门反映，通过合法的途径解决问题。在社区工作的四年中，杜龙成功化解了各类矛盾纠纷 91 起。近两年，社区内未发生一起群体访和个体访，良好的社区环境大大提高了群众对公安工作的满意度。二是创建联动会商制。杜龙管理的社区为典型的城乡结合部，社区结构复杂，场所密集，流动人口聚集。为了使社区整体治安秩序得到改善，杜龙建立了每周情况会商制度，主动联系包社区的城管、工商、卫生负责人，由驻区民警牵头，在社区警务工作站内，每周定期召开联席会议，通报辖区情况，汇总分析各部门在一周执法过程中发现的可能对治安秩序产生不良后果的问题，研究解决措施，切实维护群众切身利益，增加群众对执法者的信任感。三是创建应急服务制。针对社区孤寡老人无人照看的实际情况，杜龙对社区内孤寡老人逐一登记造册并入户走访，了解老人居住环境、家庭困难等不便之处，将警民联系卡片发放到每一户老人家中，在联系卡上注明“当您需要帮助时，请拨打驻区民警电话”。在接到各类求助电话后，不管什么原因，杜龙都第一时间赶到现场，真正将老人的急事、难事、杂事当作自己家里的事情一样认真对待，赢得了群众的信任，也得到了群众对社区工作的支持。

二、创新工作思路，制定“一看”、“二走”、“三画”、“四建”的新型网格化管理模式

一看就是认真观察社区自然地理布局，结合实际情况，对本社区网格化管理形成初步规划。二走就是对社区内各企事业单位及各类场所进行走访，在完善档案的同时，对存在安全隐患及防范措施不到位的企事业单位提出整改措施。三画就是根据具体地理情况，制作本社区的治安管理图，对重点单位、场所做出明显标记。四建就是在已制作完成的社区治安概况图中，结合重点行业场所及警情分布情况，划分出 3 个小网格，即“放心网格”、“一般网格”、“重点网格”。根据每个网格内的不同治安环境，合理配备保卫力量，制定巡防队员社区防控上报制度，带领巡防队员开展有针对性的网格防控工作，根据警情变化，随时调整巡逻时间及力量分布。

杜龙通过实践，不断完善“三制四步”工作法，辖区治安环境得到了明显改观，各类警情均大幅下降，刑事发案由 2007 年 19 起下降到现在的 3 起，重点场所内未发生一起可防性刑事案件，群众的满意度和安全感显著提高。

密云县开发建设网格化社会服务管理信息系统[①]

县委社会工委 县网格办

（2012 年 5 月）

密云县网格化社会服务管理信息系统是按照全县立体分类式体系建设的整体思路开发建设的现代化信息管理系统，是全县网格化社会服务管理的重要支撑平台，可以为社会服务和管理工作提供全方位、多层次的服务。密云网格化信息系统于 2011 年下半年开始筹划建设，2012 年 5 月正式投入使用。

一、系统整体架构

系统通过“一网建设”将指挥、服务、管理功能全部纳入，贯穿县、镇街、村（社区）及委办局等各级组织，累计节点 400 多个，并依托政务内网，实时在线运行，数据安全可靠。镇街管理中心利用系统充分履行属地责任，及时解决一线网格员发现的问题，县指挥中心将镇街需要部门支持的服务管理诉求，及时转

① 充分利用现代信息技术、提升社会服务管理精细化水平是网格化体系建设的重要内涵。2011 年 10 月开始，县委社会工委、县社会办与信息技术公司通力合作，开发建设了密云县网格化社会服务管理信息系统，2012 年 5 月按期投入运行，为社会服务管理工作提供了重要的信息化支撑。本文是当时对该信息系统的情况介绍，编入本书时将部分统计数据更新到了 2013 年 11 月底。

交职能部门落实，实现统筹协调、部门联动的一体化社会服务管理。通过信息系统，能够实现每一寸土地资源都在掌控之中，每一名人口都在服务管理范围之内。

密云县网格化信息系统主要包含12大业务模块，分别为：立体网格、基础信息、事件管理、综治维稳、项目推进、非紧急救助、政务微博、统计分析、督办督查、效能监察、档案管理、应急指挥、电子地图，各项具体计功能一百余项，为社会服务管理工作的开展提供了强有力的信息化支持。信息系统设立县、镇街、村（社区）三级指挥平台，对网格内发生的事件，采用逐级上报、逐级处理的方式。根据事件类别和性质分门别类，可在线交办相关单位处理化解。同时对事件的处理过程，建立从发现、上报、处理、督办、考核等闭环运行机制，确保各类社会服务管理问题和群众需求，都能得到及时有效处理。

二、部分功能介绍

事件处理功能。网格社会管理员发现需由上一级解决的问题，由村社会服务管理站登录系统统一上报，能够由镇街处置的事件由镇街处理，镇街无法处理的可点击上报，县指挥中心接到镇街上报的事件后，根据事件性质和职能部门的职责范围，将事件派往主责单位办理，并设定办理时限，事件处置完成后，经事件发生地网格员实地查看，可在系统中点击复核和办结，实现对事件的闭合管理。系统将事件处置的每一个时间节点和部门节点都记录在案，能够对办理情况进行全面掌握实时监控，系统同时具备按照时间段和事件类型进行统计并生成报表的功能，可随时打印报表，形成规范文件，提高领导决策的预见性。

数据检索功能。在前期工作的基础上，以基础网格信息为主要内容，在系统中统筹建立了全县社会服务管理综合数据库，各委办局和县、镇、村三级管理员可以登录系统对本区域内的人、地、物、事、组织的全部情况进行智能检索查询，目前系统已经实现包括对常住人口、流动人口、社会经济组织、公路铁路河流、景区、工业区、农地、山场等多项内容，涵盖社会服务内容、社会职务等多种拓展子段在内的任意字段、任意地区（网格）、任意内容的组合查询，可以为领导决策和部门工作提供依据。

部门融入功能。按照立体分类式网格的总体框架，各职能部门结合自身职能，包片包区，划分业务网格，将群众最关心、最急需的劳动就业、社会保障、法律援助、文体诉求，下沉到基层，融入进网格，形成立体分类网格化格局，做到服务管理零距离。为此，系统单独建立了部门融入模块，全县各委办局可登录系统录入本单位人员融入网格人员的姓名、职务、联系方式、负责的网格等信息，镇街可查询各委办局融入本地区网格情况，并及时与委办局工作人员联系沟通，上报有关情况，提出服务需求，反映实际问题，实现了职能部门与地理网格的有机对接。

三、运行成效

截至 2013 年 11 月底，网格化信息系统已全部覆盖 23 个镇、街、开发区的 5204 个网格，辐射地域总面积达 2229.45 平方公里。系统自 2013 年 1 月运行至 11 月底，共接报事件 719136 件，其中网格上报事件 710508 件，市长热线事件 8335 件，政务微博事件 88 件。已有 715，540 件在规定时间内得到有效处置，事件办结率高达 99.5%，平均结案时间为 13.14 小时。目前正在应用新一代信息技术，对网格化信息系统进行改造升级，通过建设 GIS 地理大图像系统、网格化视频管理指挥系统和开发手机终端软件，推动网格化体系更加智慧联动。

实施“四网联动、三心合一”工程助推网格化向纵深发展①

县综治办 冯云龙

（2012年5月）

2012年以来，为进一步深化网格化社会服务管理工作，实现社会服务更加完善、社会管理更加科学、社会动员更加广泛、社会环境更加文明、社会关系更加和谐的社会建设总体目标，密云县在实现“八个一”工作标准（一份党委、政府正式的工作意见；一幅清晰明了的网格管理图；一支力量整合到位的网格管理员队伍；一套详尽可行的管理员岗位职责；一套科学简便有效的网格管理流程；一个简便实用的信息平台；一套切实可行的年度考核办法和奖励机制；一套完备规范的网格管理基础台账）和“六个规范”（规范镇（街）级网格化管理机构名称；规范镇街综治维稳中心名称；规范村（社区）网格化管理服务站名称；规范网格管理人员名称；规范网格编码规则；规范基础数据）的基础上，密云县全力实施“四网联动”、“三心合一”工程，强力助推网格化社会服务管理工作向纵深发展。

---

① 2012年开始，为进一步提升社会服务管理工作信息化、智能化水平，密云县在开发建设网格化信息系统的同时，实施了“四网联动”、“三心合一”工程，推动了信息资源的整合共享。本文详细总结了“四网联动”、“三心合一”工程的主要做法，原载于《首都综治信息》2012年第32期。

一、着力编织“四网”，充分发挥科技服务效能

一是建设信息网。投入300余万元，搭建县、镇（街）、村（社区）三级信息采集联网平台，信息采集内容包括网格内人口信息统计情况、公共设施看管情况、流动人口分布情况、社会管理员重点地区布控情况等14个录入项目、178项具体内容，每个录入项目都包含细化的信息内容（如网格内流动人口分布情况记录每一名流动人口的姓名、性别、社会职务、政治面貌等基本信息和所属网格、网格格长等管理信息），通过科学合理的信息采集和平台建设，更加精确的了解全县网格内的动态情况，为全县网格化服务管理工作提供准确可靠的信息保障。同时建立全面、准确、及时的信息采集维护机制，做到随时掌握、及时更新、月末核查。城区以网格为单元，搜集掌握人、地、事、物、组织等基础信息，乡镇以村庄为单位，采集村庄、农地、山场等基础信息，统筹建立辖区社会服务管理综合数据库。由大学生社区工作者或大学生村官担任社区、村网格信息统计员，指挥中心安排专人，负责辖区网格各类信息审核、更新及上报工作。

二是完善视频网。在现有视频监控网络的基础上，推进动态视频监控系统全覆盖。鼓励和指导社会自主建设，健全完善公共部位、治安卡口等重点部位的视频监控系统；积极推进技防进社区、进院落、进农村、进网格，在有条件的村（社区）建设视频监控点；整合机关事业单位、商户、娱乐场所视频监控资源，实现监控视频联网调用，达到社会全覆盖、全天候运行。把20个二级视频监控平台接入县级网格化社会服务管理指挥中心，通过县级指挥平台即可调度、指挥、统筹、掌握全县的社会服务管理工作，从而为指挥中心装上了“千里眼”，大大提高了社会治安防控和管理能力。加强全县社会面视频监控系统管理维护督查工

作，确保其发挥最大效能。按照“统一协调，分级管理”和“谁使用，谁负责”的原则，县综治办负责宏观协调统筹全县监控系统的建设和管理，做好对优秀视频监控值机员的奖励工作。县公安局负责全县视频监控系统日常管理使用工作的检查、维护和考核。去年以来，通过视频监控系统，共抓获犯罪分子193名，直接破案101起，辅助破案260起，为全县社会面防控奠定了坚实基础。

三是构建广播网。密云县投资2200万元，在全县327个行政村实现村村通广播，并设立县、镇、村三级广播指挥平台，实行全县广播内线联网。广播网的建立，使全县在部署任务或发生紧急事情实施应急指挥时，能够开展“一对一”或“一对N”模式的工作部署和指挥。县级指挥中心通过广播对一个镇或一个村进行直接工作部署，也可以对多个镇或多个村进行全面工作安排；镇级指挥中心通过广播对辖区内一个村或多个村进行工作部署和统筹协调。这种点对点和点对面的广播形式，实现了县域内任务下达和工作部署的直接、及时、清晰，同时还能延伸社会服务管理工作内容，向广大人民群众播报新的惠农政策、法律法规等，寓管理于服务之中，创新了社会服务管理工作途径。九月底前，整个工程可建成使用。

四是统一通讯网。在全县网格化社会服务管理工作中，为畅通信息报送渠道，县综治办协调中国移动公司密云分公司，在各镇街建设通讯局域网，为每个网格内的管理员配发通讯设备或提供通讯补贴，确保网格内发现问题，能及时反映、及时报告、及时处置。社会管理员（网格管理员）可通过局域网相互交流工作经验，了解毗邻网格工作动态，如遇突发涉暴、涉法等紧急情况，能在第一时间寻求毗邻社会管理员的协助，形成信息联动。同时，局域网内还设立短信群发功能，指挥中心通过短信群发能够方便快捷地向辖区内所有社会管理员部署工作任务，极大地提高了整体网格的工作效率。

四张“网”的建设使用，为网格化社会服务管理模式插上了科技的翅膀。县级网格化社会服务管理指挥中心，同时具备了视频讲话指挥、信息研判分析、任务指派分流的多重功能。

二、努力实现“三心合一”，切实提升镇街综治维稳工作中心效能

在全县“四级平台、六项机制”工作模式下，整合现有工作模式，统一规划，将综治维稳工作中心、网格化社会服务管理指挥中心和信息采集中心进行整合，实行一套班子、三块牌子合署办公，拓展延伸综治维稳工作中心的内涵和外延，使之真正成为镇街社会管理服务的司令部。

（一）突出机制建设，规范“中心”工作有效运行

一是联合机制。将“三个中心”的工作标准进行有机融合，把源头发现、任务协调、分层处理、信息反馈等工作流程、标准、要求进行明确和规范，对各类任务和矛盾纠纷，进行统一受理、分流，统一协调、督办，统一归档、反馈。二是联防机制。定期分析网格内治安形势，公布治安警情，完善治安巡防网络，健全防范工作制度。有针对性地组织开展各种形式的治安巡防活动，指导督促企事业单位落实内部安全保卫措施。三是联勤机制。在党委、政府的领导下，由综治维稳中心主任主持，综治办牵头协调，统一部署工作，统一调配工作力量落实值班备勤，并纳入突发事件预警处置工作体系。四是联治机制。定期组织各部门、各单位及辖区群众参与“严打”、禁毒、禁赌、道路交通安全等整治行动，定期组织开展治安重点地区、突发治安问题以及校园周边专项整治。五是联创机制。围绕创建“平安密云”总目

标，加强协调，整体推进平安镇街、平安社区、平安村、平安单位、平安校园等创建活动。

（二）突出资源整合，强化“中心”工作整体联动

以整合“三个中心”为基础，推进县、镇街、村（社区）三级综治工作体系的不断完善，实现功能对接，整体联动。一是运用“三心合一”工作模式，强化县级综合指挥中心整体功能。县网格化社会服务管理指挥中心依据各镇街综治维稳中心支持，定期召开部门联席会议，研判全县安全稳定和社会管理形势，制定出台相关政策，处理解决重大信访维稳问题，统一指导各镇街综治工作有序推进。二是将“三心合一”的工作网络和工作机制向村（社区）延伸，强化综治基础工作。在各行政村、社区，建立综治维稳工作分中心（社会服务管理站），组织现有的社会管理员（网格管理员），广泛开展平安创建活动，最大限度地调动群众参与社会管理和治安防范，使平安建设覆盖到每个网格、每条胡同、每个楼院、每个家庭。三是将“三个中心”原有可协调部门进行重新梳理，有效整合，在条块结合上，整合了镇（街）有关部门和政法部门的派出力量，畅通了情况信息，加强了各方资源的衔接、沟通，促进了部门工作重心下移，实现了在属地层面上“打捆”作战。

通过不断探索、加大投入、创新手段、整合资源，从而形成全县网格化服务管理工作新局面，有效地促进了全县社会服务管理创新的健康发展。

创新立体分类式网格化模式
实现城乡社会服务管理全覆盖[①]

县委社会工委　纪海明　马海涛　陈小忠

（2012 年 5 月）

近年来，特别是 2010 年以来，针对新形势下社会管理点多面广的特点，密云县整合提升奥运安保与和谐创安自治协会、密云志愿服务体系、“六护”管理机制等经验做法，在全县探索建立了立体分类式网格化社会服务管理模式。经过近两年的实践，初步形成了“县镇指挥、部门履责、社会协同、多元参与”的网格化管理新局面，实现了“社会管理精细化、社会服务个性化、参与主体多元化、工作运行高效化”，取得了一定成效。

一、主要做法

（一）立体划分两种工作网格。针对全县地形地貌复杂的特点，本着方便群众、易于管理的原则，划分立体分类式社会服务管理网格单元。一是按照地理类别划分社区、村庄、农地、山

① 2012 年 5 月，在全县立体分类式网格化社会服务管理体系即将全面建成之际，为系统总结全县网格化体系建设的主要做法和取得的阶段性成效，县委社会工委、县社会办开展了专题调查，本文就是此次调查后形成的总结材料，原载于《北京市社会服务管理创新专报》2012 年第 27 期。

场、景区、公路、河流、工业区 8 类基础网格，实现网格化管理的全地域覆盖。全县 20 个镇（街）和开发区共划分基础网格 5204 个。二是县职能部门、镇（街）机关科室采取包片包区、包镇包村等方式划分业务网格，将群众最关心、最急需的劳动就业、社会保障、矛盾纠纷调解、文化体育等社会管理和公共服务事项融入网格、下沉到基层，方便群众生活。

（二）系统构建一套体系框架。即“一网建设、两级指挥、四级服务管理”。“一网建设”，主要是整合“四网四中心”，建设包括信息网、通讯网、视频网、广播网的社会管理四网联动平台，推进网格化、应急、非紧急救助、综治维稳四中心融合贯通，建立及时发现问题和快速处置的信息渠道，实现全社会覆盖、全天候运行。“两级指挥”，即在县级层面建立县网格化管理指挥中心，20 个镇（街）全部建立镇（街）网格化指挥中心，327 村和 42 个社区均成立社会服务管理站（与社区服务站合署办公）。“四级服务管理”，即建立县、镇（街）、村（社区）、网格四级工作体系，协调处置网格内各类事件和隐患，努力做到工作开展在网格、民情掌握在网格、矛盾化解在网格、服务群众在网格。

（三）全面整合“6+N”类力量。（1）把党员“双承诺”等活动与网格化管理结合起来，充分发挥基层党员的模范带头作用。（2）在网格中配备村（居）民代表、村民组长等基层骨干，担任网格格长，指导协调网格内社会管理工作。（3）将 11000 余名生态林管护员等“六护”人员统一整合为社会管理员，在原有职责不变的情况下，同时承担网格巡查等社会管理职责。（4）将治安、养老助残等 13 类 1800 多名部门协管员，与“六护”人员一同整合为社会管理员。（5）实施“志愿服务进网格”工程，推动志愿者在网格内开展扶老助残、文化服务等 8 大类社会管理志愿活动。（6）为街道、乡镇机关科室人员划分业务网格，使其承担起业务协调职能。同时将县职能部门工作人员逐步融入网格中，形成“6+N”的社会管理力量集成。通过整合配备以上18000多名社会管理员，在不增加人员、支出的前提下，确保了每一寸土地都有人管，每一项任务都有人落实。

（四）着力健全三项运行机制。一是建立开放的信息收集机制。建立并定期更新包括14大类、178项信息的社会服务管理基础数据库，做到随时掌握、及时更新、月末核查，更加精确地掌握网格内人、地、物、组织等要素的动态变化情况。依托社会管理信息化联动平台，畅通社会管理员、社会公众上报事件和反映情况的渠道。二是建立闭合的处理分派机制。将每个事件都纳入“采集上报、任务分派、处置反馈、任务核查、形成评价”的5步闭合流程，实现工作运行制度化、规范化。三是建立严格的监督考核机制。指导各镇（街）制定社会管理员考核办法和激励机制，激发社会管理员的工作积极性；将网格化管理纳入责任制考核，对事件处理实施全过程监督。

二、取得成效

立体分类式网格化的实践，推动了社会管理由事后处置向源头治理转变，由粗放向精细转变，由政府一元管理向社会多元治理转变，已经成为全县社会管理创新的重要抓手和突破口。

（一）推动社会管理关口前移，促进了社会和谐稳定。通过划分立体分类式网格，将全县大面积的农地、山场、景区等一并纳入网格化体系，率先将网格化管理由城市延伸到农村地区，实现了对城乡所有人、地、物、事、组织的全覆盖、立体化、动态化管理。同时以信息技术手段为支撑，确保了各类社会管理事件和隐患在第一时间发现、第一时间上报、第一时间处置，做到把矛盾控制在源头、把纠纷化解在网格、把问题解决在一线。近两年来，全县信访人次同比下降55%，刑事发案率下降20%。

（二）推进职能部门融入网格，促进了服务型政府建设。将职能部门纳入网格化社会服务管理体系，为工作人员划分业务网格，促进了部门履职和个人尽责，有效地提高了政府效能。果园街道和政法部门联合开展“政法三官（法官、检察官、警官）进社区”活动，推进了政法力量进网格、下基层；石城镇将民俗旅游服务融入了网格化管理，促进了工作的标准化、高效化；不老屯镇依托网格化打击盗采盗运，有效地保护了辖区矿产资源；鼓楼街道把矛盾化解作为网格化的重要内容，促进了辖区和谐；穆家峪镇在推进网格化工作中，创新了流动人口服务管理机制；溪翁庄镇探索建立了基层就业服务网格化工作体系，将就业服务延伸到了群众身边；东邵渠镇将综合行政服务中心纳入网格化管理，使群众办事更加方便、快捷。

（三）实现资源力量大整合，提高了社会管理的协同效率。立体分类式网格化充分整合利用了原有的视频监控网络、社区服务站等软硬件资源，实现了社会管理的资源集聚。全面整合政府部门、社会组织、基层群众自治组织等横到边、纵到底的各类社会管理力量，有效地发挥了协同效应。去年“7·24”强降雨灾情发生后，各镇、村立即以网格为单元，协同做好应急预案的落实，基层党员、村民代表、志愿者及职能部门工作人员在网格内及时开展自救互救，形成整体合力，避免了更大损失的发生。

（四）密切党群、干群关系，提高了党组织做好群众工作的能力。把网格化管理与创先争优活动紧密结合，每一名基层党员都在网格中设岗定责，提升党组织和党员在群众中的威信。果园西里社区建立了“三级网格化服务体系”，190多名基层党员在网格内认岗领责，受益居民达6000余人。同时网格社会管理员深入村头巷尾、深入村（居）民家庭，广泛收集社情民意，融洽了党群关系、干群关系，提高了群众对社会管理的认可度。

（五）激发社会活力，提高了基层群众参与社会管理的积极性和主动性。立体分类式网格化有效地整合、凝聚和运用党员、村（居）民代表、楼门长、志愿者、大学生村官等基层力量，增强了群众对社会管理参与度，有利于充分反映民意、准确把握民情、广泛集中民智。同时依托密云志愿服务体系建立了在基层党组织、村（居）委会统筹下，以网格化管理为平台、以志愿服务为载体的全覆盖的基层社会动员机制，形成人人参与社会服务管理、人人共享和谐社会的良好局面。

阶段小结

一年来，县委、县政府高度重视，全县上下强力推进，网格化社会服务管理工作全面推开。全县共划分社区、村庄、农地、山场、景区、公路河流铁路、工业区等7类5204个基础网格，整合配备党员、村民代表、“六护”人员、协管员、志愿者等各类网格力量1.8万余人，确保了每一寸土地都有人管、每一项任务都有人落实。开发建设了密云县网格化信息系统，大力推进信息网、通讯网、视频网、广播网联动对接，实现网格化、应急、非紧急救助、综治维稳四中心融合贯通，建立14大类、178项、100多万条信息的社会服务管理基础数据库，解决了底数不清、情况不明的问题，实现了县、镇街、村（社区）、职能部门的互联互通。公安局、法院、检察院等政法部门率先垂范，20多个县级职能部门相继融入网格化体系履职尽责。通过科学划分网格、系统构建体系、全面整合力量、着力健全机制，到2012年6月，立体分类式网格化社会服务管理体系全面建成运行，在全市率先将网格化延伸到农村地区，实现对城乡人、地、物、事、组织的精细化服务管理全覆盖。

第三部分　深化完善阶段

（2012年6月至2013年6月）

2012年5月30日，在密云立体分类式网格化体系建成之际，北京市召开了全市网格化社会服务管理体系建设推进大会，在全市全面推开这项工作，密云作为先行试点，受到与会市领导充分肯定。2012年8月27日，原市委常委陈刚到密云调研时，对立体分类式网格化体系建设给予高度评价，认为密云把握了网格化工作的精髓，是全市网格化做得最好的区县之一，远郊区县及与密云县情相近的区县都要向密云学习。① 为进一步提高社会服务管理科学化水平，密云县一手抓规范运行，一手抓作用发挥，全力推进网格化体系与社会服务、社会管理等各项工作融合创新。通过召开县综治委全体会议、民政服务进网格现场会、志愿服务进网格工作推进会等不同领域工作会议，大力推动县级职能部门

① 陈刚同志在调研座谈会上认为，密云县委县政府高度重视网格化社会服务管理工作，这项工作体现了三个特点：第一，把握了网格化管理工作的精髓。以信息化为支撑，以网格化细化工作基础，以部门之间的联动整合资源，形成新的工作模式。第二，工作切合实际，实现了资源整合。密云的网格化社会服务管理工作，很好地切合了自身的实际，提出了一套行之有效的管理模式，并且在此基础上，把维稳、社会管理、公共服务、党建等都整合进入网格化中；从整合资源来说，密云县是全市做得最好的。第三，工作务实高效。每一条具体的内容后面都有跟踪的事项，分级管理，层层推进的做法很好；密云县网格化社会服务管理工作在全市区县中是做得最好的，远郊区县及与密云县情相近的区县要向密云学习。

结合工作实际划分各自的业务网格，科学配备工作力量，与镇街基础网格互动对接，共同构成立体分类式网格，及时高效处置业务范围内的各类事项，真正将和群众生产生活相关的社会服务管理职能延伸到网格、下沉到基层，全面提高基层社会管理和公共服务水平。

2012 年 8 月 27 日，市委常委陈刚到密云县调研网格化体系建设

密云县召开志愿服务进网格工作推进会

网格法官为当事人释法答疑

社区民警进网格服务群众

加快推进职能部门融入网格化社会服务管理体系[①]

王玉江

（2012年8月）

从今年四月份开始，政法系统各部门、各单位认真落实县里统一部署，按照全县构建立体分类式网格化社会服务管理体系的总体要求，积极整合工作力量，精心划分业务网格，将社会服务管理力量和职能延伸到了网格、下沉到了基层，可以说行动快、力度大、效果好，为其他职能部门融入网格化体系提供了示范，起到了表率作用。

职能部门进网格是我县立体分类式网格化体系建设的重要内容，是对传统社会服务管理经验做法的融合创新。长期以来，政法各部门立足密云实际，在加强基层社会服务管理方面创造了很多好经验、好做法。县法院开展法官进社区活动，将法律服务送到群众身边；县检察院积极探索检察官联系基层的体制机制建设，初步在部分镇街建立了检察官联络室；县公安局细化了派出所民警进社区制度；县司法局在“五五”普法期间开展了“法律

① 此文作者王玉江时任中共密云县委副书记、政法委书记。2012年8月2日，为进一步推动县级职能部门进网格，实现网格化体系与社会服务、社会管理等工作的融合创新，密云县委县政府在果园街道召开民政服务进网格现场会。县委副书记、政法委书记王玉江，副县长郭洪泉出席会议。这是王玉江同志在会上讲话的主要部分，题目为编者所加。

六进”活动；县民政局的居家养老服务也延伸到了社区。所有这些，都是政法各单位的成功经验。今天召开网格化现场推进会，就是要在深入总结和继承发展原有成功经验的基础上，借助于网格化这一新的服务管理工作平台，通过完善体制机制，将政法各单位所承担的服务管理职能进一步延伸到网格中，形成社会服务管理新模式。这里的“新”，主要就是“新”在了网格化这个工作平台，通过信息化、智能化、集约化、精细化的工作平台将我们的服务管理进一步细化、量化、扁平化，发挥出网格化平台触角多、信息多、覆盖面广的特点，能够直接反映群众的所思所盼，在服务管理中更直接、更快捷，将“民意、民情、民生”主导的政法工作理念贯穿到我们的具体工作中去。

刚才，民政局介绍了民政工作融入网格化社会服务管理的情况，我感觉工作推进有章法、有成效，确实把服务延伸到了群众身边。此外，其他政法单位也已经在进网格方面进行了积极探索，比如县法院建立了“主要领导负总责，副职领导为镇街负责人，庭长为村、社区负责人，法官为网格负责人”的四级网格工作体系，实现了业务工作与网格化体系的有效衔接；县公安局民警杜龙细化业务网格，建立“三制四步”工作法，受到市委政法委、市公安局的肯定。政法综治各部门单位要系统研究、不断创新，总结网格化服务管理的好经验、好做法，建立健全体制机制，分别树立自己的示范单位、优秀个人的典型。实践表明，职能部门融入网格化体系，不仅仅是工作职能的延伸、工作方式的改进，更是工作理念的深刻变化，如果我们每一个单位、每一名工作人员都把服务对象当亲人、把群众的事当自己的事，我们的工作效率和工作效果就会大幅度的提高。经过前期的培训部署，已有包括政法单位在内的十九个部门，认真研究规划了本单位融入网格的具体工作意见，明确了主管领导和工作人员，配置了专门设备并实现了与县网格指挥中心的信息对接，开始接受网格指挥中心的任务分派，在网格中认真履行各自的服务管理职能。

今天到会的各个部门要迅速行动起来，向民政局学习，结合业务特点、人员力量和服务管理需求等因素，充分利用县网格化信息平台建设成果，制定本部门网格化社会服务管理实施办法，明确指导思想，强化服务核心，提高工作效能，尽快划分业务网格，与镇街实现对接，将责任落实到格、落实到人；同时要将本单位职能涉及的社会服务管理事项按照轻重缓急制定出工作标准和完成时限，快速完成首批服务事项录入，并备份到县网格化社会服务管理综合指挥中心。最近海臣县长要求各职能部门要进一步清晰“三定”内容，明确责任，狠抓履职，对新任干部要加强培训，按市里要求将网格化列入考核依据。要安排专人与县指挥中心座席对接，完成接收、处理、反馈信息的工作流程，从而达到不但形式上入网格，行为上也要入网格，把职能部门服务入网格工作做实、做细；要将融入网格的服务事项向社会公开，接受群众的监督。县网格化社会服务管理指挥中心办公室和县委督查室要跟进督查，确保目标任务实现。

年初，我们各镇街都进行了机构改革，其目的就是要建立以公共服务为导向的基层政府。所以，各镇街要以此次现场会为标志，认真思考今后如何才能更好地为辖区群众提供方便快捷的公共服务，进一步推动基层的社会服务管理和社会建设。一是推动区域化党建。要将驻区单位全部纳入网格化管理，纳入网格，统筹各方力量，以共建共促为引领，促进镇街和驻区单位联合推进社会服务管理。组织志愿者广泛参与，真心实现党委领导、政府负责、社会协同、公众参与的网格化社会服务管理格局。二是拓宽网格化服务渠道。各镇街要以推进网格化社会服务管理为抓手，深入细致地了解基层群众最关心的、最需要的服务项目是什么，并积极为职能部门进网格搭建平台、提供支持；要将一刻钟社区服务圈、电子保姆等好经验、好做法融入网格化平台，拓宽社区服务渠道，更好地为群众服务。三是建立网格化社会服务管理体系。镇街和职能部门之间要建立常态化沟通交流机制，做好配合协调，共同制定出具体的落实措施，形成长效机制和长效服务体系，真正做到在服务中实施管理，在管理中体现服务；政法综治部门要分阶段做好总结、推广。

网格化是社会服务管理方式方法的重大创新，中央和北京市高度重视，县委县政府大力推进。目前，县、镇两级指挥中心和村社会服务管理站全部建成，县、镇、村、网格四级工作体系互联互通，完成了网格划分、人员整合等基础工作，网格化社会服务管理信息系统已经上线运行，全县网格化社会服务管理体系框架基本建成。今年，全市要求用一年左右的时间实现全市范围的网格化社会服务管理全覆盖，我们是先走了一步，这并不能说我们会一直领先，市里已经下发了规范性文件，我相信其他区县的推进速度会很快赶上来，“行百里者半九十”，我们正处于这个阶段。搭建平台很容易，硬件建设会很快，关键是软件建设，关键是要把我们的服务项目落实到网格中。各镇各部门要在解决突出问题上下功夫，要在整合原有资源上下功夫，要在科技支撑上下功夫，落实责任体系，实现精细化服务管理。网格化社会服务管理工作能不能取得实效，能不能得到广大群众的认可，能不能发动更多的群众参与其中，成为我们社会服务管理的重要抓手，关键在于我们能不能把群众真正需要的、各部门具体的服务项目融入网格化社会服务管理工作之中，方便广大人民群众的生活，让更多的群众能亲身感受到这项工作带来的方方面面的变化，带来的实实在在的好处，特别是方便一些特殊群体和居住偏远的群众的生活，让他们真切地感受到网格化社会服务管理工作实施前后的显著变化，让广大群众理解、支持、配合这项工作，同时也鼓励群众通过志愿服务的形式参与进来，真正激发社会活力，实现共建共享。

我们讲要做好新时期的群众工作，我的体会是，做群众工作有三种境界：第一种境界是应付，昨天出了事，今天来应付；第二种境界是应急，今天出了事，慌忙来处理；第三种境界也是比较高的一种境界是应对，今天干明天的事，事情没发生，就有应对的预案，就把应对的本领练成了。我们领导干部做群众工作，要力求达到这种境界，不能整天疲于应付，忙于应急，不会应对。网格化社会服务管理这一平台是我们做好应对工作的一个好抓手，所谓“上工治未病”。我们将县级网格化综合指挥中心与应急、非紧急救助、综治维稳中心融合，实现统一指挥调度；我们将镇街网格化指挥中心与便民服务中心、综治维稳中心融合，实现管理扁平化；我们将327个行政村和42个社区的社会服务管理站作为基层服务管理平台，协调处置网格内各类事件和隐患，从而使发现上报、统一受理、处理分派、限期办结、督查督办、信息反馈这一闭合运行机制，真正发挥出工作开展在网格、民情掌握在网格、矛盾化解在网格、服务管理在网格的作用，所有这一切都是为了应对广大群众对社会服务管理的新期待、新要求。同志们要务必提高认识，真正转变思想，做好网格化社会服务管理工作不是给大家添麻烦，增加工作量，而是通过这一平台，在现有工作体制下，理顺服务管理渠道，拉近服务管理者与被服务管理者的距离，使我们镇街基层的公共服务职能更具体化、扁平化。当我们真正做到这一点以后，我们会发现，我们的工作量不是大了，而是小了，我们的工作不是忙了，而是从容了。这项工作搞得好的几个镇街的同志可能感受会更深刻一些。当然，他们的工作也还要加强，还要进一步深化。下一步，我们还要根据网格化社会服务管理内容，将网格管理员的职责由过去的以“条”为主变为以“块”为主，使网格管理员做到原有职责不变、新增职责合理可行，进一步统一网格管理员的工资待遇，实现同工同酬。

总之，网格化社会服务管理这项工作已经全面推开了，我们必须全力以赴，推动网格化社会服务管理工作再上新台阶，为我县“社会建设走在郊区前列”做出新的贡献。

精心组织　强化服务
全力推进民政服务进网格①

县民政局 许宝生

（2012 年 8 月）

自政法系统开展融入网格化社会服务管理工作以来，民政局认真贯彻落实工作要求，以社区为依托，以网格为载体，以服务为目标，整合各种资源进社区、进网格，重心下沉，细化服务内容，规范管理行为，建立起“统一指挥，分级负责，运转协调，责任落实，反应迅速”的新机制，全面实施“民政工作融网格，服务群众零距离”工程，寓创新管理于系统服务之中，取得了初步成效。

一、主要做法

（一）健全组织，使网格化服务有基础。成立以局长任组长，副职领导任副组长，各科室、局属事业单位负责人为成员的民政工作融入网格化社会服务管理领导小组，全面领导、组织、推进此项工作。出台了《实施意见》和《实施方案》，配备了相对固

① 2012 年 8 月 2 日，密云县委县政府在果园街道召开民政服务进网格现场会。县委副书记、政法委书记王玉江，副县长郭洪泉出席会议。这是县民政局负责同志在会上做的工作汇报。

定的工作人员及设备。在各镇街合理划分网格的基础上，根据民政工作实际，健全完善了“四纵四横十五组，融入网格抓服务”的组织机构框架，实现了与网格人和事的无缝对接。“四纵”即建立四级责任网络：一级网络是处级领导包镇街，成立7个协调小组，每人分别包2—3个镇街，负责民政工作融入所包镇街网格化服务管理全面协调、推进工作。二级网络是科室站办长包村、居，全面负责掌握社区（村）民政对象基本情况，组织落实好所属力量进网格，针对本科室范围内的工作，予以及时解决；非本科室范围内容，上报局信息处理中心，尽快协调解决。三级网络是科室人员包网格，按照一人多格原则，做好多个网格内社会服务管理工作，发挥好“四员”角色作用，做到“五清楚，五明白”。四级网络是社会工作者、养老助残员入户包民政对象，负责群众需求信息的收集、分类、解答、报送工作。“四横”即根据民政业务实际划分为社会救助、社会福利、社会事务和社会服务四个方面，并将服务内容细化为社会救助组、优抚安置组、为老服务组、基层民主政治建设组、社区服务组等15个服务小组。遵循“入格一把抓，按责再分家”的原则，每周至少一次深入基层网格，了解百姓所想、所盼、所需，涉及民政事务的，都要予以详细记录，并上报局信息处理中心，派单给各个服务组予以及时办理。

（二）完善制度，使网格化服务有保障。为确保融入网格化工作取得实效，我们建立了工作责任制度、考核制度、信息反馈制度、协调会议制度、群众监督员制度等五项制度，将融入网格化社会服务管理工作纳入民政干部职工绩效管理考核办法，签订目标责任书，明确服务内容和服务承诺，目前已向社会公布了第一批73项服务内容，并承诺在规定时限内办结。同时，机关干部一岗多责，在做好本职工作的前提下，深入基层网格调查、解决群众的合理诉求，为民政工作融入网格，增强为民服务实效提供了坚强的制度保障。

（三）整合资源，使网格化服务有平台。坚持“统筹融合，站点辐射，综合利用，有序扩展”的原则，把设施建在网中，把服务放在格上。两年来，采取以奖代补的方式，共投入奖励资金930万元，整合89个城市社区服务站、327个农村社区服务站、361个日托所、352个养老（助残）餐桌、10家精神关怀服务站（室）、25家社会福利中心、3000多部小帮手、近4000部电子保姆和600多个加盟服务商、6.2万平方米“山区星光计划”福利设施，以及300多家村级卫生服务室和邮政报刊亭等资源，发挥服务站点的辐射功能，为网格群众提供民政事务、日常生活、家政服务、文化娱乐、报刊订阅、医疗卫生、心理慰藉等方面的服务，初步建立了覆盖县、镇（街）、村（居）、网格的四级服务网络。

（四）制定措施，使网格化服务有实招。为满足格内群众的各种合理需求，民政局主动作为，该办的事情坚决办——不拖；能办的事情主动办——不等；难办的事情想方办——不推。采取应时、即时、适时三种服务方式，开通快速、绿色、应急三条通道，推出“三办一上门”特色服务，极大地提高了服务网格群众的实效。7月10日，密云突降大雨，西田各庄镇兴盛村村民肖井福家的房屋由于地势低洼，造成房内进水。网格员及时上报，信息处理中心迅速协调社会救助服务组进行实地调查，认为该房已成危房，无法居住，应予翻建。但肖井福的低收入家庭建房救助申请正在申报过程中，为解决他家的实际困难，民政局及时召开协调小组会议，决定启动绿色通道，开通特办服务，给予建房救助，让其先行建房，然后再补办相关手续。果园北区11岁女孩汪月，患先天性心脏病，由于手术费用较高，至今没有得到有效地治疗。经网格员上报后，民政局及时派出服务组到其家中了解情况，该女孩父母离异，和爷爷奶奶一起生活，父母收入较低，自行无力承担高额手术费用，又不符合低保低收入救助条件，无法享受九种大病救助待遇。民政局按政策给予了3000元的临时救助，并申报了民政部的“明天计划”，如身体条件符合手术要求，将得到免费治疗。强化代办服务，针对社区工作者、养老助残员进格入户收集的空巢老人、残疾人，或者生活有困难人群的需求信息，为他们提供代领养老券、代缴水电气话费用、代购生活必需品、代购三农物资等服务。在城区，依托96156和电子保姆为网格群众提供订餐送餐、家政服务、紧急救助、精神慰藉等服务。注重联办服务，针对单一部门难以解决的问题，会同相关部门联动联办，切实解决网格内群众的实际需求。清明节前夕，有网格内群众反映丧葬市场混乱的问题，我局联合工商、公安、城管及卫生等部门对生产、销售殡葬用品的门店进行了清理整顿，净化了殡葬市场环境。针对网格内困难群众反映的住院押金高、自付困难的问题，我们联合卫生、财政、人力社保等部门，整合新农合和城镇居民医疗保险政策，出台了《密云县低收入家庭住院押金减免和出院即时结算制度》以及《门诊医疗垫付制度》，患者只需交付30%的押金即可住院治疗，极大地减轻了低收入群体的经济负担。推出上门服务，针对一些特殊群体的个性化需求，提供点对点、面对面的定项上门服务。鼓楼街道行宫小区71岁的孟庆增因病卧床不起，购房需要补办结婚证；北庄镇张海龙因交通事故住院治疗，住院期间要办理结婚证。但受身体条件限制，以上两对当事人均不能亲自到民政局办理，不符合登记条件，基层网格员直接将信息上报，县指挥中心派单给民政局，我局信息处理中心又及时派单给婚姻登记服务组，主动到老人家中和医院病床前为他们办理了手续，并为他们送上了美好的祝福，得到了当事人的好评。

（五）社会协同，使网格化服务有合力。网格化社会服务是一项系统工程，需要各级各部门的通力配合，社会各界的大力支持和广泛参与。在民政工作融入网格化服务过程中，我们集成社会各界力量，注重“五个作用”的发挥。一是发挥民政机关干部的骨干作用，将局机关干部纳入“四横四纵”服务体系，做到岗有其责；二是发挥镇街社会事务管理科和村（居）委会的枢纽作用，上传下达社情民意，贯彻落实惠民政策，形成上下贯通的服务渠道；三是发挥社区工作者、养老助残员和网格员的先锋作用，收集整理上报信息，进入网格和家庭开展服务；四是发挥社会组织的补充作用，动员和引导工商经济类、社会福利类、公益慈善类和社会服务类社会组织积极融入网格开展服务；五是发挥人民群众的监督作用，聘请人大代表、政协委员、离退休干部、民政对象、普通居民为监督员，对融入网格化服务管理工作的落实情况进行全程监督。

二、初步成效

民政工作融入网格化社会服务管理在县委县政府和政法委的正确领导下，在各镇街的大力支持下，立足优化服务环境、创新服务方式、提高服务质量，经过不懈的努力，得到了格内群众的一致认可。

（一）服务群众零距离。融入网格化社会服务管理，凝聚了人心，畅通了渠道，拉近了政府与百姓之间的距离。针对网格内群众反映养老券按照户籍发放不方便领取、购买服务不符合山区实际的问题，研究出台了《居家养老助残券使用补充规定》，实现了由户籍所在地发放向居住地发放的转变；扩展了使用范围，不仅可以购买服务，还可以购买生活必需品、药品，订阅党报党刊等，极大地方便了群众的生活。同时，进一步创优、创新、创制服务方式，通过建立四横四纵的服务体系，实现了服务群众的“横到边、竖到底、全覆盖”；通过发挥三条通道、三种服务和

“三办一上门”的作用，实现了服务群众的“点对点、面对面、全畅通”；通过融入网格了解群众诉求，实现了群众想办、要办、难办事情的快速解决，把服务送到群众身边。

（二）提高效率零梗塞。融入网格化社会服务管理，进一步增强了民政干部的效能意识。针对网格内群众反映低保、社救、优抚、社团等行政事务审批周期较长的问题，研究出台了《关于缩短十项行政事务审批时限的意见》，大幅缩短了审批时间，缩短幅度在25%~80%之间，极大地提高了工作效率。同时，各级责任人员在网格中主动了解群众诉求，并予以详细记录，第一时间上报信息处理中心，中心第一时间派单给相应服务小组调查核实，结合政策要求和具体实际，提出相应的解决方案或者答复意见，并及时反馈给网格群众。形成了“发现——上报——派单——核实——办理——反馈”的一条龙服务链条，实现了闭环式服务管理的全贯通、零梗塞。

（三）越级群访零纪录。融入网格化社会服务管理，进一步改善了民生质量，融洽了政民关系，消减了矛盾风险点。我县原80411部队20余人，原空七军通讯营5名退役人员因参战参试问题，要进京上访，网格管理员及时了解情况上报，局信息处理中心派单给优抚安置组，并多次上门解读政策、安抚他们的情绪，目前这部分人员情绪比较稳定。同时，通过网格员收集整理和民政干部主动了解的群众合理诉求信息，及时制定和完善相关惠民政策，平衡不同群体的利益诉求，经过认真的信息搜集、早期的情绪疏导、真诚的帮扶感化、适时的行政干预等综合手段的运用，实现了对低收入群体、优抚对象、征地超转人员、民宗侨对象等四类敏感人群的怀柔安抚和动态监管，目前，所有民政对象情绪稳定，没有出现越级访、进京群体访事件，发挥了民政部门兜底维稳的作用，促进了社会和谐稳定。

（四）群众满意零投诉。融入网格化社会服务管理，进一步增强了格内群众的满意度。工作中，坚持将融入网格定位在服务、创新在服务、考核在服务，把格内群众满意不满意作为评价民政工作的唯一标准。同时，更加注重队伍建设，开展了以“创新发展争一流，心无旁骛抓落实”为主题的作风建设年活动，以“忠诚、为民、公正、廉洁”为主题的政法干警核心价值和以“民本、务实、平等、奉献”为主题的民政干部核心价值观教育活动。设置“一岗多责”、“一徽两牌”（党徽、党员承诺牌、电话礼仪牌），实施“68 礼仪工程”，网格群众对民政工作满意率持续提升，未接到一例行政投诉和行政复议。

三、民政工作融入网格化服务工作的几点体会

民政工作融入网格是发挥社会建设骨干作用的根本前提。网格化的初衷是管理，手段是服务，目标是实现社会的和谐稳定。民政工作是民生的基本保障，是消减和缓解社会矛盾的减压阀、润滑剂。融入网格化社会服务管理，为民政服务民生、加强和创新社会管理搭建了一个坚实的平台，只有把民政工作切实融入网格服务管理之中，才能更直接、更快速地了解社情民意，缩短政策出台周期，增强服务与改善民生实效，消弭社会矛盾，发挥了民政部门在社会建设中的骨干作用。

民政工作融入网格是改善民生的重要途径。政法系统融入网格的重点在管理，民政工作融入网格侧重在保障和改善民生。“民惟邦本，本固邦宁”，融入网格化社会服务为民政工作进一步服务民生开辟了一条纵深推进的新途径。做好服务和改善民生工作，必须发挥网格作用，坚持民生第一、服务第一、效能第一，构建老有所养、病有所医、学有所教、居有其所、郁有所疏的社会大保障格局。

民政工作融入网格是锻炼干部的广阔舞台。融入网格化社会

服务管理工作，不仅是加强和创新社会管理的新举措，更为培养民政干部搭建了一个实践的舞台。有些民政干部，做工作喜欢坐在机关、浮在表面，不注重深入基层，不注重接通地气。融入网格后，广大民政干部宁心静气、扎根网格，提高了为民服务的责任意识，增强了做群众工作的组织能力，形成了务实求进的工作作风，磨砺了艰苦奋斗的意志品质，升华了服务群众的党性修养，个人综合素质得到了全面提高，融入网格，走百村、入千户、访万人；强化服务，听呼声、晓民意、解民难，已成为民政干部的自觉行动。

密云县依托网格化社会服务管理体系加强实有人口管理[①]

县委社会工委 张志华 纪海明 李 悦

（2012 年 8 月）

密云县依托立体分类式网格化社会服务管理体系，以实有人口服务管理为切入点，采取专门划分实有人口管理网格、整合配备专业力量、制定网格管理职责、加强网格社会管理员考核监督等措施，加强实有人口管理，促进社会和谐稳定，取得了良好成效。

一、主要做法

1. 科学划分网格。按照地理类别划分社区村庄、土地、山场、景区、公路、河流、工业区 7 类基础网格，实现网格化管理的全地域覆盖。全县 20 个镇（街）和开发区共划分基础网格 5204 个。在此基础上，根据实有人口数量、流动人口和出租房屋情况、治安状况以及计生管理服务难易程度等因素，将全县划分

① 社会管理说到底是对人的服务和管理。密云县依托立体分类式网格化社会服务管理体系，整合资源力量，理顺工作机制，实现了对实有人口的精细化服务管理，提高了政府效能、促进了社会和谐，本文是此项工作的总结材料，原载于《北京市社会服务管理创新专报》2012 年第 53 期。

为2097个实有人口管理业务网格。采取设立网格督查员、协调员、指导员等方式，落实公安局、流管办、计生委、人力社保局等县职能部门联系指导镇、街（地区）网格化工作对接机制。同时，县职能部门和镇（街）职能科室采取包片包区、包镇包村等方式进入网格，在网格内开展实有人口服务管理工作。

2. 构建体系框架。在县级层面建立县网格化管理指挥中心，20个镇（街）全部建立镇（街）网格化指挥中心，327个村和42个社区均成立社会服务管理站，统筹全县2097个实有人口管理网格。同时，建立县、镇（街）、村（社区）、网格四级实有人口管理工作体系，协调处置网格内各类事件和隐患，努力做到实有人口信息采集在网格、服务管理在网格、民情掌握在网格、矛盾化解在网格。

3. 整合人员队伍。一是由县公安局社区民警组织、带领网格社会管理员2880人，以专群结合的方式，在开展实有人口、实有房屋信息采集工作的同时，为实有人口提供专业管理和便利服务。二是推广穆家峪镇刘林池村新农村地区综合服务管理中心经验，整合公安、流管、计生、司法、城管等专业力量，在城乡结合部地区加强流动人口管理（该模式市公安局确定为全市9个流动人口管理模式之一，在全市推广）。三是以政府购买服务的形式，扶持和引导社区心理服务中心、社工事务所等社会组织参与网格内实有人口服务管理工作。依托心理咨询师和专业社工，在网格内针对社区居民、外来务工人员和信访、矫正帮教重点人员开展心理健康讲座、心理咨询、心理减压和心理疏导服务。

4. 明确职责任务。一是与网格社会管理员签订责任书，细化实有人口管理责任区域，强化社会管理员责任意识。做到问题及时发现、及时报告、及时解决、及时反馈情况。二是推动县直部门职能下沉至实有人口网格，将公共服务、流动人口管理、计划生育、劳动保障、法律援助等与实有人口密切相关的服务管理内容纳入网格。三是在实有人口全覆盖体系建设工作中，社区民警和社会管理员在责任网格内通过采取“清房屋、登记人、列重点”等工作手段，标注街巷门牌，绘制房屋草图，逐一建立人房档案，做到每户一图、每楼一档、每网格一档。由社区民警负责对网格内常住户籍人口、本市人户分离人口、流动人口和散居社会境外人员信息审核归档，做到网格不漏房，房不漏人，人不漏项。

5. 理顺工作机制。做到“三个结合”，一是将实有人口全覆盖体系建设与网格基础信息采集工作相结合。在网格基础信息采集工作中，准确掌握实有人口信息，做到网格“人、地、物、事、组织”动态管理。二是将实有人口管理与网格化社会服务管理平台建设相结合。在网格化社会服务管理指挥平台系统软件开发及数据库建设中，将实有人口数据库作为重要组成部分，纳入其中。三是将实有人口管理与网格化社会服务管理工作相结合。在网格内走访实有人口同时，了解群众需求，发现矛盾纠纷和不稳定因素，及时协调解决，化解矛盾，维护稳定。

6. 加强培训考核。通过逐级培训、逐层推进的方式，对县、镇（街）网格化社会服务管理指挥中心负责人及操作人员，村（居）社会服务管理站工作人员及网格社会管理员进行培训。成立以政法系统为主，各相关职能部门配合的网格化社会服务管理工作督查小组，抽调骨干人员，对各镇（街）及开发区网格内开展实有人口管理和综治维稳工作进行指导、检查、监督，确保工作落到实处。

二、取得成效

1. 促进了社会和谐稳定。通过对实有人口加强网格化管理，近两年来，全县信访人次同比下降 55%，刑事发案率下降 20%。

在群众安全感满意度连续三年保持全市前列的基础上，2012 年第一季度，密云县群众安全感指数达到 95%，环比增加 1.2 个百分点，高于全市平均值 2 个百分点。大量矛盾纠纷被化解在网格，大量信访诉求被解决在网格，大量治安问题和安全隐患被发现并处置在网格。

2. 掌握了实有人口信息。截至 2012 年 8 月底，共采集录入实有人口信息 450835 条，门牌信息 121084 条，走访并标注出租房屋 11391 户，登记车库信息 4964 条，并实时采集动态数据，每三天更新一次信息。提高了人口动态管理水平，为政府决策和保障社会和谐稳定提供了翔实依据。

3. 加强了服务型政府建设。通过网格化社会服务管理体系建设，深化警官、检察官、法官“三官”进社区活动，做到全县 80%基础网格都有责任干警；100%实有人口管理业务网格有公安、流管、计生、司法等专业力量组成的服务管理队伍，在网格内开展实有人口管理和服务工作。促进了部门履职和个人尽责，有效地提高了政府效能，加强了服务型政府建设。

密云法院创新“三纵五横”网格化模式努力实现司法服务对接民需[①]

县法院

（2012 年 9 月）

密云法院依托全县立体分类式网格化社会服务管理体系，将辖区划分为责任网格，确定网格责任法官，建立了“三纵五横”网格化服务管理模式，借助网格化社会服务管理体系信息沟通、协调配合和资源共享优势，推进了司法职能延伸到网格、司法资源下沉到网格、司法理念贯穿到网格、司法服务覆盖到网格，为辖区的和谐稳定提供了坚实的司法保障。

一、全员融入，对接民需

“三纵五横”工作模式，即以化解矛盾纠纷为法院参与社会管理创新的主线，院党组成员、庭长、法官三级纵向主体执行“一线工作、平台沟通、纠纷预警、制度保障、督促落实”五项横向工作机制。

---

① 2012 年开始，密云法院创新建立“三纵五横”网格化服务管理模式，促进司法服务有效对接民需，取得明显成效，被评为北京法院优秀基层党建创新工作项目。2012 年 9 月 20 日，北京市高级人民法院召开新闻通报会，在全市介绍推广了这一做法。本文原载于《首都综治信息》2012 年第 50 期。

1. 三级主体纵向参与，全员融入

实行院党组成员入镇街统筹协调，庭长入村庄（社区）靠前指挥，法官入网格全员融入的三级主体“金字塔”型工作模式，使法官作用发挥在网格，司法服务实现在网格，审判效果体现在网格。同时按照审判地域管辖分工，建立以四个派出法庭和民三庭趋前，其他审判庭室依托案件联动、信息共享融入网格的工作格局。

2. 五项机制横向覆盖，对接民需

推行五项工作机制保障三级主体的网格工作成效，实现工作在网格中开展，社情在群众中掌握，矛盾在源发地化解。

一是一线工作机制。设置流动审判站点和法律服务站点，为法官深入群众开展工作搭建平台；建立纠纷预警和沟通协调机制，力争在萌芽阶段发现问题，在初始阶段化解纠纷。二是平台沟通机制。建立站点对接平台、视频对接平台，便于网格法官与网格员及时互动。三是“三原色”矛盾纠纷预警机制。依据矛盾高发、案件高发和突发事件将各个网格标注红、黄、蓝“三原色”。依据各网格标注颜色的变化和重叠调整工作重点，实现纠纷预警精确化。四是制度保障机制。建立邀请网格员参与司法活动、定期培训网格员、网格员监督三项制度，充分发挥网格员作为调解员、宣传员、监督员的角色作用。五是督促落实机制。建立台账制度和庭室岗位目标管理责任考核制度，督促各级主体全力融入网格开展工作。

二、特色服务，形式多样

走出法院，走进社区村庄网格，变“坐堂问案”为“巡回就审”，从群众的司法需求出发，提供“订单式”法律服务。

（一）结合区域发展优势提供“共建式”服务。院机关党委与穆家峪镇党委围绕共筑组织基础、共抓矛盾化解、共拓便民举措、共推法律宣传、共促队伍建设、共建关爱机制、共谋科学发展等七个方面开展共建活动。努力探索新形势下司法服务新农村建设、党员法官助推镇域发展的长效机制，加强基层组织建设，凝聚队伍，实现共同进步。

（二）结合辖区特色提供“品牌化”服务。针对山区网格设立“急案法庭”、“农忙法庭”、“假日法庭”、“预约法庭”、“巡回法庭”、“下访法庭”六大特色法庭，切实便利当事人诉讼。在城市社区，联合果园街道办事处启动法官进社区网格活动，形成“四进、四网、三制度”工作机制，围绕群众关注度较高的邻里纠纷、物业纠纷等常见纠纷定期开展社区法律咨询、法律讲座、典型案件巡回审判。

（三）结合纠纷特点提供“前置型”服务。每月 20 日结案后，及时梳理当月受案情况，适时与辖区党委、政府召开联席会和预警通报会，就矛盾凸显的问题以及高发民事案件沟通交流，对可能影响社会和谐稳定的普遍性、倾向性问题，有针对性地提出可行建议，把不和谐因素尽早化解在萌芽状态。

（四）结合群众需求提供“回访式”服务。在婚姻家庭、邻里关系等与百姓生活密切相关的民事案件审理中，注重案件审理的社会效果，定期对上述案件进行回访，融洽家庭关系和邻里关系。

三、深入推进，成效初显

（一）成为创先争优的“助推器”

通过“三纵五横”工作模式，党员干警全部融入网格，力量发挥在最基层、工作开展在最前沿，充分发挥了共产党员的先锋模范作用。1—8 月，全院共开展巡回审判、案件回访、释法答疑

4489 次，为群众讲授法制课、进行法制宣传 116 次。今年 7 月，该工作模式被北京市高级人民法院评为“北京法院优秀基层党建创新工作项目”。

（二）成为青年干警快速成长的“催化剂”

通过“三纵五横”工作模式，占队伍大多数的青年干警，作为主力军，在最细小的网格单元参与精细化服务，在与群众零距离的接触中，补齐了群众工作经验不足、工作方法单一的短板，加深了与群众的感情，提高了做群众工作的本领。2012 年以来，6 名青年干警获得“全国法院先进工作者”、“首都劳动奖章”、“北京市法院先进法官”、“双优民事法官”等市级以上表彰。

（三）成为矛盾纠纷的“灭火器”

通过参与网格化管理工作，与基层组织有效对接，形成了以人民法庭为主导，以“基层人民调解组织”为依托，以“职能部门联动配合”为支撑，以“网格”为平台的大调解工作格局。2012 年 1—8 月，共诉前化解各类纠纷 937 件，同比上升 185.7%。

（四）成为审判难题的“疏通机”

充分发挥网格员熟悉网格内村（居）民动态、掌握第一手信息的优势，邀请其协助法官送达法律文书，及时向法官提供被执行人及其财产线索，有效破解了当事人难见、执行线索难寻等制约审判质效的难题。今年以来，在网格员的帮助下，成功送达法律文书 304 份，查找被执行人及其财产线索 563 条。

团县委实施“网格团旗”工程引领广大青年服务社会①

团县委 郑晓芳

（2012 年 10 月）

志愿服务进网格是深化密云志愿服务模式、完善立体分类式网格化的重要举措。团县委在该项工作中，注意打造品牌，精心设计志愿服务进网格项目，实施了“网格团旗”工程，制定了“三进两化”工作标准（“三进”即组织建设进网格、志愿服务项目进网格、资源下沉进网格，“两化”是指服务精细化和工作实体化），建立了县、镇（街道）、村（社区）“网格团旗”工程的三级工作体系。

一、实现组织建设进网格，做到有网格的地方就有志愿服务组织

1. 通过建立“网格团小组”，将志愿服务终端平台下移。以不老屯镇史庄子村为试点，在网格内成立团小组，采取“通知集

① 2012 年 10 月 10 日，县志愿者联合会召开“密云县志愿者联合会第一届理事会二次会议暨志愿服务进网格工作推进会”，全面总结部署志愿服务进网格工作，县委副书记、县志愿者联合会主席王玉江，副县长、县志愿者联合会第一副主席郭洪泉出席会议。这是团县委在会上交流发言的主要部分，题目为编者所加。

中、分散管理”的管理手段，将在外务工、求学的团员青年纳入网格内，并组织青年认岗领责，细化组织分工，在民俗旅游的营销、管理、宣传推介等方面开展志愿服务。

2. 依托“社区青年汇”建设丰富志愿服务组织载体。在全县各镇（街）建立了13家“社区青年汇”，志愿服务内容包括流动青少年服务管理、文化建设、残疾人创业就业等方面。今年6月，我们以鼓楼街道为试点，在5个流动人口超过500人的社区建立了“流动人口青年汇”，吸引网格内的青年参与社区建设。

3. 在网格中建立起了“手机团支部”，拓展志愿服务覆盖面。通过利用互联网、移动通讯等科技手段，向全县328位全科农技员发布生产知识、重大新闻及会议精神等内容，再由全科农技员将短信传播给广大农民和青年。目前，共发布手机短信10余次，接收短信16000多人次。

二、志愿服务项目进网格，通过项目的开展夯实志愿服务终端组织建设

1. 实施了“民俗旅游推介志愿服务进网格”工程，将外出求学、务工以及外来团员青年按照网格设置分组，在村外通过网络、微博等现代化手段宣传推介家乡的民俗旅游，同时设立“民俗一线接待站”，用现代化的理念和知识培训村民。

2. 开展了YBC“创业就业志愿服务进网格”活动，完善青年创业服务体系建设，成立了县、镇（街道）、村（社区）三级YBC创业咨询站，启动了YBC青年创业大赛，截止目前，已有7名创业青年获得了共计35万元无息、无担保的贷款扶持，创业项目涵盖养殖、种植、信息、商贸、畜牧等多个行业。

3. 继续开展“关爱农民工子女志愿服务行动”，持续帮扶农民工子女，提升了外来务工人员子女的融入程度。据不完全统

计，各级各类志愿服务组织分别与农民工子女结对 476 对，开展志愿服务 70 余次，累计服务时间 10 余万小时，开展爱心捐赠 20 余次，捐款总额达 50 余万元，惠及农民工子女 500 多人。

三、资源下沉进网格，努力提高网格内志愿服务的生命与活力

1. 邀请历任团县委机关干部 50 余人组建了“网格团旗”工程指导员志愿服务队。通过认领网格、整合资源、指导网格团小组有效地开展工作，扩大其影响力和知名度。

2. 引入国家关工委“助力青春、走进密云、携手共建”项目，帮助我县身障青年实现创业就业。分别在高岭镇、石城镇、西田各庄镇苍头村等地建立了身障青年创业基地，解决身障青年创业 33 人，就业 70 余人，接受手工艺品制作、农村实用技术培训 2800 余人次。

3. 联系协调全聚德、眉州东坡酒楼等餐饮企业，对民俗户进行烹饪、餐饮服务、旅游接待等方面的培训，打造了包括“不老炖吊子”、“黄土坎鲜榨贡梨汁”等 26 个村“一村一品”民俗特色养生美食。

4. 开展了“青年学子进网格”活动。组织高等院校青年学子开展“一对一角色互换式”民俗旅游培训，制定了《不老屯镇民俗旅游服务标准》；组织来自北大、清华等高校学生 96 人与 3000 余名“六护”志愿者共同开展 DIY 体验、文化以及志愿服务等活动，累计志愿服务时间 20 多万小时。

5. 引导北京现代、奥克斯特等企业进入网格，推动农村经济发展。一是在云峰山景区打造密云县“月老”公益活动基地，为云峰山旅游添加新元素，分别于 4 月、8 月组织 2 批 300 余名青年来此开展交友活动；二是开展了“云峰山薰衣草节”、“不老养

生宴美食节”等特色活动，通过《北京青年报》、《北京日报》等媒体扩大宣传，增加民俗旅游关注度；三是利用各种资源为史庄子民俗村吸引游客，陆续引入团市委青年骨干调研团等游客资源共计 1200 余人次，直接经济效益 4 万余元。

密云县鼓楼街道商户入网格参与社会服务管理[①]

鼓楼街道

（2012 年 10 月）

密云县鼓楼街道辖区“两新”组织共计 6000 余家，其中80%为个体工商户，从业人员 2.5 万余人，60%以上为流动人口，于 2009 年 5 月成立商管协会。为提高对商户的管理水平，鼓楼街道商管协会依托网格化社会服务管理平台，推进商户“融入网格”，组织引导商户参与社会服务管理，使商户由被管理者成为网格化社会服务管理工作的中坚力量，取得良好成效。

一、主要做法

（一）建组织，切实发挥引领带动作用。在各社区成立商管协会党组织和团组织，并依托社区商管协会积极吸收商户为工会会员。充分发挥协会党员、入党积极分子以及工、青、妇骨干在网格内的模范带头作用，积极引导广大商户“融入网格”，参与

① 为动员社会各界广泛参与、加强多元化网格工作力量建设，密云县鼓楼街道依托商管协会积极引导商户融入网格，主动参与社会服务和管理工作，使商户由被管理者成为辖区社会服务管理的重要力量。本文就是此项工作的总结材料，原载于《北京市社会服务管理创新专报》2012 年第 50 期。

社会服务管理。

（二）重宣传，增强商户社会责任意识。一是制定推进商户“融入网格”实施方案。将辖区6800多家商户全部纳入网格化管理，进一步明确了商户在网格内的责任义务。二是落实责任制。街道与商户签订安全、“门前三包”责任书，与“电子保姆”服务商、养老助残定点单位签订服务协议。三是编印发放宣传材料。编印并为辖区居民发放介绍商户经营项目和范围的服务指南类手册近3万册，扩大商户影响力；为商户发放计生、安全、健康、防盗防诈骗、防煤气中毒宣传材料2万套，有效地增强商户服务意识。四是开展培训。今年以来，组织开展安全、反邪教、法律、健康和职业技能知识培训100余次，受益面达80%以上。

（三）搭平台，组织商户参与社会服务管理。一是参与鼓楼南北大街整治。辖区内165家商户落实了门前三包责任，每天派专人维护门前秩序，大大改进了占道经营、卫生脏乱、噪音扰民热点难点问题。二是参与十八大安保。商户积极融入网格，担任信息员、治安员、监督员，参与治安巡逻、矛盾纠纷化解、政策法规宣传、信息报告等工作。目前，已有2600多名商户从业人员参与到十八大安保志愿服务工作当中，成为维护社会稳定的重要力量。三是参与社会服务。商管协会组织医疗、美容美发、家政服务等行业的志愿者为社区老人、低保家庭、残疾人等特殊群体提供志愿服务。2012年上半年商管协会共组织会员为社区老人提供义诊、免费家政服务、免费理发等志愿活动210次，受益3966人次；为社区残疾人提供服务38次，受益495人次。

（四）建机制，推动商户融入网格常态化。一是建立常态巡查联系机制。每天组织社区网格巡查员、社会管理员与商户联系，做到有问题及时发现、及时汇报、及时处理。二是建立例会制度。每季度召开一次会长会，每半年召开一次理事会，定期通报情况、分析形势、解决问题。三是建立服务保障机制。以解决商户最关心、最直接、最现实的利益问题为重点，了解困难和需求，维护商户的合法权益。四是建立宣传交流机制。创办《鼓楼商管之窗》，紧紧围绕街道中心工作，及时反映全街道商管协会工作的新情况、新举措、新成效和新经验，宣传推广先进典型，反映会员利益诉求。

二、取得成效

（一）促进了商户积极履行社会责任。广大商户积极参与社会公益活动。2011 年北京云泽广告有限公司出资 10 万元，赞助街道“百场红歌会”活动，2012 年云城建筑工程有限公司、北京华威天宇机电设备贸易有限公司分别出资 10 万元、5 万元赞助鼓楼街道“十佳之星”系列评比活动，金地来餐饮集团出资 5 万元赞助鼓楼街道“我眼中的鼓楼”系列评选活动，华宇保洁公司与街道办事处共同出资在各社区安装 LED 电子显示屏。今年 7 月，各社区组织“7. 21”洪灾捐赠活动，捐款达 3. 6 万元，其中会员单位鑫海韵通密云百货店组织员工捐款 1. 2 万元。正济堂大药房每年免费发放价值 1 万元的购药卡，资助社区困难户，今年商户捐书 231 册，捐赠衣物 150 件，参与各类捐款达 560 人次。

（二）促进了辖区社会和谐稳定。商管协会党组织的建立为 112 名流动党员找到了家。在会员中开展诚信商户、优秀商户评选和党员商户挂牌活动，增强了商户的荣誉感和社会影响力，促进了文明经商、诚信守法，营造了创先争优氛围。商户主动参加“三八”妇女节、“五四”青年节、国庆节等各种节日庆祝活动，推动了基层文化的繁荣发展。商户的归属感增强，辖区商户之间的关系变得融洽和亲密，商户和居民之间的关系变得更加和谐友善。

（三）促进了商户与地区经济发展“双赢”。商管协会搭建了商户与商户之间、商户与属地居民之间信息交流沟通平台，扩大了商户的影响力，提高了商户的经营效益，建立了良好的市场秩序，创造了良好的投资环境，促进了属地经济发展。

果园街道大力推进“政法三官”进网格[1]

果园街道

（2012 年 10 月）

推进职能部门融入网格尽职履职是密云县立体分类式网格化体系建设的重要内容。2011 年以来，果园街道以党建互动共建制度为引领，与辖区内公、检、法等政法单位沟通合作，开展了“政法三官（警官、法官、检察官）进网格活动”，推动政法力量全面融入辖区网格化体系，形成了政法工作重心下移、关口前移的格局，维护了辖区和谐稳定。

一、主要做法

（一）抓共建，充分发挥党组织的领导核心作用。一是依托党建互动共建联席会制度，街道党工委牵头成立了由公、检、法 3 家县政法单位、街道网格指挥中心等 8 个职能科室、11 个社区服务管理站负责人为成员的警官、法官、检察官进网格活动领导小组，共同统筹谋划活动开展。二是在果园街道设立活动办公室，以构建党建新格局、服务居民群众为出发点和落脚点，以及

① 2011 年以来，密云县果园街道以党建互动共建制度为引领，与辖区内公、检、法等政法单位沟通合作，开展了“政法三官（警官、法官、检察官）进网格活动”，推动政法力量全面融入辖区网格化体系。本文总结了这项工作的主要做法和成效，原载于《北京市社会服务管理创新专报》2012 年第 35 期。

时解决群众生活中遇到的各种矛盾纠纷和涉法涉诉问题为工作重点，制定详细的政法力量进网格工作方案，确定责任部门和8项重点内容，明确了每个社区的网格警官、网格法官和网格检察官，为活动开展提供有力的组织保障。

（二）搭平台，为“政法三官”进网格提供有效载体。一是果园街道以各社区原有的警务工作室和法律服务室为基础，建立了11个警官、法官、检察官“三官工作站”，专门负责进网格活动的组织以及与公、检、法机关的沟通联系，为政法力量融入网格、参与社区服务管理提供支持。“三官工作站”的网格政法干警以“周有咨询、月有会商、季有讲座”的方式，主动走进社区网格为群众释法解疑、调处矛盾；同时按照业务特点和实际情况开展就地审判、受理案件举报线索，及时打击违法犯罪。二是各社区调委会吸收25名网格政法干警为人民调解员，按照纠纷类别、社区服务管理需求及时介入化解矛盾。

（三）建机制，推动活动开展常态化、规范化。两年来，果园街道先后与公、检、法等政法单位联合制定下发了警官、法官、检察官进网格活动方案，建立了5项常态化工作机制。一是网格法官预约调解机制。当社区出现涉法矛盾纠纷或居民有普遍性法律问题需要咨询时，社区服务管理站可以及时联系网格法官，来社区帮助解答问题、调解矛盾。二是社区安全形势预警机制。当社会上有社会治安、社会矛盾等安全隐患或苗头出现时，公、检、法机关及时向街道网格指挥中心和社区服务管理站通报，及时向社区居民发出预警，防止发生影响辖区安全稳定的重大事件。三是较大矛盾“三官”会商机制。在街道辖区发生重大社会矛盾时，特别是重大涉法涉访问题时，政法单位指定专人参与会商，研究解决方案，努力将矛盾化解在基层。四是定期交流通报机制。街道党工委牵头，每半年举办联席会议，促进交流沟通，研究下一步工作计划；公、检、法机关每月、每季度、每半年向街道通报受理辖区案件情况，预测分析下一阶段综治维稳形势，提出合理化建议。五是宣传培训机制。公、检、法机关结合自身职责和居民需求，定期到社区开展普法宣传、讲座等活动，增强居民的法律意识、维权意识；定期为社区人民调解员开展专业培训，提高其业务水平和工作能力。

二、取得成效

（一）健全了区域化党建工作格局。街道将网格化管理和党的建设紧密结合，以党建创新引领推动社会服务管理创新。在推进“政法三官进网格”的同时，积极开展“在职党员进社区”活动，公、检、法机关和果园街道 11 个社区开展结对共建，通过法律知识讲座、普法知识宣传、调解家庭邻里纠纷、开展社区服务等活动，既丰富了党组织建设内容，又化解了社区矛盾，切实做到了共驻共建，健全了区域化党建工作格局。在政法机关的引领带动下，21 家驻区单位全部参加了“在职党员进社区”活动，已有 520 余名在职党员到社区网格认领岗位，直接参与“党员服务日”活动的在职党员达 3000 余人次。

（二）提高了社区居民的法律素养。政法力量进网格为居民畅通了便捷、权威和面对面的法律服务渠道，极大地促进了法律知识的宣传普及。两年来，公检法机关在各社区共开展法律宣传 320 场，受益 11 万人次。在街道办事大厅举行法律咨询 28 场，现场解答物业、婚姻、房产、伤害侵权、劳动争议等法律问题 1500 人次。此外，法院还将庭审“搬进”网格，对涉及街道辖区的典型案件，针对性地在社区开庭审理 18 件，其中现场调解结案 16 件，现场撤诉 1 件，现场调解率达到了 88%，居民旁听 1200 人次，既化解了矛盾，又教育了群众，实现了开庭一次，就宣传法律一次，就教育群众一次。

（三）融洽了邻里关系，促进了社区和谐。网格政法干警融入网格，及时帮助社区调解小纠纷、消除小隐患、解决小难题，使邻里矛盾大事化小、小事化了，避免了矛盾升级，促进了社区和谐。如2011年11月康居小区某业主因忘关太阳能上水阀跑水，造成顶层两住户防水设施损坏，室内屋顶大面积被渗泡，三方协商不成准备诉讼至法院。网格法官了解情况后，迅速到现场进行勘察调解，明之以法、晓之以理、动之以情，很快就达成了赔偿协议并当场履行，邻里之间和好如初。

（四）完善了社会矛盾多元调解体系。通过“政法三官进网格”，使政法力量下沉基层、密切配合、协同作战，促进了行政调解、司法调解和人民调解的有效衔接，充分发挥了政法机关在化解社会矛盾、促进社会服务管理创新中的职能作用，使大量的矛盾和问题化解在了网格之中，化解在了基层和萌芽状态。两年来，学府花园和果园西里两个物业纠纷多发社区的物业案件同比下降了近30%，业主自动履行率到达了75%；果园街道民商事纠纷调解率同比上升近10%，自动履行率也上升了8%；法院受理果园辖区民事案件连续两年下降10%。

关于深化密云县立体分类式网格化社会服务管理体系建设的调查[①]

县委社会工委 纪海明 马海涛 陈小忠

（2012 年 11 月）

2010 年以来，针对新形势下社会服务管理涉及量大、覆盖面广、综合性强的特点，我县探索建立了立体分类式网格化社会服务管理体系。经过两年多的探索实践，我县“一网建设、两级指挥、四级服务管理”网格化体系框架已经基本建成并进入运行阶段，在全市率先将网格化管理由城市延伸到了农村地区，实现了对城乡人、地、物、事、组织的服务管理全覆盖，有力地提高了基层社会管理和公共服务水平。为进一步巩固实践成果，我们对这项工作进行了认真回顾，就如何深化这一管理体系进行了深入调研。

一、主要做法与成效

（一）立体分类式网格化社会服务管理体系实现了三大整合，

---

① 为进一步健全立体分类式网格化体制机制，2012 年下半年，密云县委社会工委、县社会办对全县网格化社会服务管理工作开展情况进行了深入调查，对融合完善过程中取得的成效和存在的问题进行了认真分析，就深化网格化工作提出了具体建议。这是本次调查的总结报告，原载于《密云调研》2012 年第 11 期。

使社会服务管理更具合力。一是工作理念和经验做法的整合。这一管理体系继承发展了过去密云县“四级平台、六项机制”综治维稳模式和志愿服务的成功做法，实现了社会服务管理的集成创新。二是各方力量的整合。这一管理体系充分发挥了基层党员、村（居）民代表、“六护”人员、志愿者、镇（街）机关干部以及职能部门人员等“6+N”类力量的作用，使之共同构成了我县社会服务管理主体。三是各类资源的整合。通过实施信息网、通讯网、视频网、广播网“四网联动”工程，有力地推进了网格化、应急指挥、非紧急救助和综治维稳“四中心”的融合贯通。建立社会服务管理基础数据库，构建了及时发现问题和快速处理问题的信息化指挥系统，先后收集整理了14类、178项、83.8万条信息。通过整合，实现了社会服务管理的经验集成、力量集合和资源集聚。

（二）立体分类式网格化社会服务管理体系搭建了三个平台，使社会服务管理更加主动。一是搭建了及时发现问题的平台。全县共划分5204个基础网格，使基层社会服务管理终端由传统村（社区）向前延伸到网格。基层干部群众成为网格责任人后，主动开展巡查、上门了解需求，将“事后介入”变为“事前掌控”。二是搭建了高效处置事件的平台。以信息技术为支撑，及时准确掌握基层发生的各类事件和不稳定因素，通过进入网格的职能部门，提前采取稳控措施，及时为群众提供快捷、便利的服务。今年上半年，信访案件同比减少24批，下降4%，其中进京越级访同比减少5批，下降36%。三是搭建了决策支持的平台。依托这一管理体系，可以更加精确地了解网格内重点人员、重点部位、突发事件、群众需求等信息，实现了动态过程中的“底数清、情况明”，为工作决策提供了更加直观、便捷、实时、形象的信息参考。

（三）立体分类式网格化社会服务管理体系提供了三条途径，

使社会服务管理更加多元。一是为职能部门高效履职提供了有效途径。将职能部门纳入这一管理体系，促进了部门履职和个人尽责，县法院、公安局、民政局等部门已率先融入网格。二是为社会力量开展共驻共建提供了有效途径。以党建为统领，以网格为载体，广泛开展共驻共建活动，为企业履行社会责任、社会组织提供公益服务畅通了对接渠道。三是为基层党员、群众参与社会服务管理提供了有效途径。每名党员和村（居）民骨干在网格中设岗定责，及时反映服务管理需求、监督部门工作落实，有效地调动了群众的积极性，提高了基层自治水平。

（四）立体分类式网格化社会服务管理体系明确了三种责任，使社会服务管理更加精细。一是明确了县、镇（街）、村（社区）三级工作平台的职责。县级平台是实施网格化社会服务管理的组织者、指挥者；镇（街）平台负责本辖区社会服务管理综合协调工作；村（社区）是网格化的具体实施主体，承担基础信息采集维护和具体工作组织实施的任务。二是明确了网格责任主体的工作职责。全面梳理了有关部门的业务事项，确定各类事件的主责部门、办理标准和时限；明确了社会管理员工作职责，将服务管理内容落实到每户人家、每寸土地。三是明确了工作运行责任。建立信息采集、发现报告、任务分派、分层处置等运行机制，在网格化信息系统中实时记录每个环节的责任单位、时间节点，实行全程智能化闭环管理。将网格化纳入年度责任制考核，确保各类事件得到及时解决。

二、存在的主要问题

（一）工作开展不够均衡。目前，有部分单位建成网格化体系框架后，还没有及时健全信息收集、事件处理、监督考核等配套机制，影响了网格化作用的发挥。此外，网格化特色示范村

（社区）的硬件设施明显优于其他村（社区），服务内容也更加细致完善。示范村（社区）的办公和服务用房面积达到350平方米以上，全部安装有视频监控设施，其他大部分村只能做到有固定的办公场所和基本的办公设备；示范村（社区）的服务职能涉及劳动保障、增收致富等8类公共服务和6类网格化社会服务管理事项，其他大部分村只能承担最基本的服务项目。

（二）认识理解有待深化。立体分类式网格化社会服务管理体系包括两层基本含义：一是各镇（街）按照地理特点分类划分社区、村庄、农地、山场、景区、河流、工业区等基础网格，实现网格化体系城乡全覆盖。二是县职能部门、镇（街）职能科室结合工作特点、人员情况和服务管理需求划分各自的业务网格，明确服务管理内容、完成标准和落实时限，融入基础网格，及时了解处置自身业务范围内的各类事件。在实际推进过程中，个别单位对第二层含义的理解不是特别准确，在划分业务网格、整合配备人员时，没有根据业务特点突出重点工作。有的划了业务网格，但与基础网格的对接机制不够完善，没有畅通沟通渠道，将有关事项及时下沉到网格，网格中发生事件后也不能及时联系到相应的职能部门人员。有的还没有划分业务网格或者没有将与群众生活生产密切相关的职能融入网格。

（三）队伍整合有待加强。协管员和公益性就业岗位人员是我县社会管理员队伍的主要组成部分。在管理体制上，各镇（街）作为社会管理员的用人单位，由于没有招录权、辞退权和考核权，存在“用人的不管人、管人的不用人”现象，难以实施有效的日常管理。个别人员认为自己是县里派出的，不愿意服从或不能较好地服从镇（街）的管理。在工作职责上，同一地区的不同部门协管员由于岗位不同，存在着工作量和管理宽严度不一的现象，有的协管岗位工作量较大，从早忙到晚，而有的协管岗位工作相对清闲，结果相互攀比，影响作用发挥。一些协管员甚至不能履行基本职责，“协管”成了“不管”，只管报告信息，连一些举手之劳都要上报有关部门处理。

（四）长效机制有待健全。首先，监督考评体系需要进一步健全完善。为保障网格化体系运行，大部分镇（街）相继制定了针对各级平台和社会管理员的考核文件。但各镇（街）的考核内容、标准设置和分值权重有一定差异，不利于网格化体系的整体推进和均衡发展。也有个别单位尚未建立考核评价制度，使社会管理员和网格平台工作人员的工作主动性大打折扣，以致很多事件和群众需求不能及时发现上报。其次，网格化标准体系需加快建立。各镇（街）在网格化体系实际运行中创造了很多好做法、好经验，但得不到及时地固化推广。在网格化工作的组织、运行、保障等方面也还存在着不规范的地方，特别是事件处理缺乏完善的标准指引，影响了工作效率的提高。

三、几点建议

（一）强化统筹协调，形成推进网格化社会服务管理体系建设的整体合力。建立健全工作机制，强化对全县网格化社会服务管理工作的统一领导和统筹协调。一是进一步明确有关单位职责分工：由县委社会工委牵头负责全县网格化社会服务管理体系建设的总体研究、体系设计和指导培训；县综治办牵头负责网格化管理体系的推进实施、督促检查和考核评价；县网格化指挥中心办公室主要负责网格化信息平台的建设维护和运行管理。二是建立联席会议制度，由指挥中心办公室定期召集，各有关部门参加，研究解决网格化体系建设运行中遇到的重要问题和上报的复杂事件。三是建立定期通报制度，每月对全县及各镇（街）、部门网格化体系运行和事件处理情况进行统计分析，提出对策建议，并在一定范围内通报。四是建立常态化督查制度，每季度对各单位网格化体系建设和运行情况进行督促检查，将其结果作为年终考核的组成部分。

（二）分层次开展学习培训，提高认识水平和相关技能。一是加强对有关领导和机关干部的培训。各镇（街）和职能部门领导干部是网格化体系建设的组织者，只有他们深刻理解立体分类式网格化社会服务管理体系的内涵和总体构架，才有可能出台合理的政策，科学地推进工作落实。二是加强对网格社会管理员的培训。社会管理员是决定这一管理体系能否发挥作用的最基础力量。应重点加强职业道德、岗位职责和综合素质培训，提高社会管理员发现问题、处理问题、解释咨询、提供服务的能力。三是加强对镇（街）网格化指挥中心和村（社区）社会服务管理站工作人员的培训。使他们熟悉管理体系运行流程，熟练操作网格化信息系统，按照规定的时间和标准及时准确地录入相关信息，确保上下联通、左右联动。

（三）理顺体制机制，实现网格社会管理员队伍的统筹管理。研究制定整合协管员和公益性就业岗位人员的政策文件，对其招录、使用、考核等进行统一规范，明确协管员和公益性就业人员的管理使用、工作职责，由县有关职能部门对其进行业务指导。按照管理体系的要求，将协管员和公益性就业岗位人员进一步下沉至网格开展工作，确保每个基础网格至少有1—2名协管员或公益性就业岗位人员担任社会管理员。健全招录制度，适当调整招录对象，提高准入门槛，着重选拔一批年纪较轻、文化程度较高、综合能力较强的人员，以提高社会管理员的整体素质。建立经费保障机制，为人员培训、奖励、进入网格开展服务管理工作等提供必要的资金支持。

（四）加强融合创新，积极推进职能部门（科室）进网格。职能部门进网格应把握好以下重点环节：一是合理划分业务网格。首先结合自身业务特点，在镇村基础网格图上明确本部门的重点工作区域，据此将基础网格分类划分为重点业务网格、次重点业务网格和一般业务网格，一个业务网格可对应若干基础网格。二是科学配备力量。由各单位领导班子成员负责重点网格，科室长负责次重点网格，其他人员负责一般网格，并协助班子成员负责重点网格，提高工作针对性。三是建立健全工作机制。及时与镇村建立对接机制，主动了解基层服务管理需求，确保相关问题和需求早发现、早解决。

（五）建立健全监督考核体系和网格化标准体系，逐步形成长效机制。加强技术监督，依托网格化信息系统，对问题发现、上报、处置和反馈等进行实时监控，根据系统自动记录的数据资料形成评价结果，定期通报。健全行政监督评价体系，制定出台镇（街）网格化考核办法和镇（街）网格化指挥中心、村（社区）社会服务管理站、社会管理员、信息系统工作人员考核指导标准，细化考核指标，明确考核依据。逐步完善社会监督，依托热线电话等渠道广泛听取社会各方面的意见建议，适时引入群众直接评价机制。建立责任追究机制，将督查督办和行政效能监察引入事件处理流程，确保各类事件得到及时处置。建立网格化标准体系，从层级管理、网格划分、信息数据、业务流程、事件处理等方面进行全方位标准化设计，尽快建立事件处理和业务流程标准，为完善全过程监督考核奠定基础。

密云县立体分类式网格化社会服务管理体系成效初显[①]

县委社会工委　纪海明　马海涛　李　悦

（2013年4月）

2012年6月，密云县全面建成“全域覆盖、格清责明、整合联动、科技支撑、闭环运转”的立体分类式网格化社会服务管理体系，成为密云加强和创新社会服务管理的突破口和总抓手。截至2013年3月底，县、镇街、村（社区）三级网格管理机构共记录各类事件71069件，98.53%的事件在规定时限内按照职责分工得到处理和解决，取得良好效果。

一、实施精细化管理，改善城乡环境秩序

镇街、村（社区）依托山场、公路、河流等5204个基础网格和8300余名“六护”（护水、护河、护山、护林、护地、护环境）人员，积极落实属地责任；市政市容、城管、工商、国土、交通、公安等职能部门各自划分业务网格，将服务管理力量下沉

① 2013年4月，按照市委社会工委要求，密云县结合实地调查和网格化信息系统记录，对全县网格化体系建成运行以来的事件处理情况进行了统计，对取得的初步成效进行了归类分析。本文就是此项工作形成的总结材料，原载于《北京市社会服务管理创新专报》2013年第34期。

至网格，推进精细化管理全覆盖。系统运行以来，共记录城乡环境类事件38228件，办结37404件，办结率97.84%。重点对违法广告（办结5278件）、乱停车（办结4333件）、游商扰序（办结4587件）、建筑和生活垃圾（办结9119件）四方面进行有效治理。

二、加强巡逻管控，促进社会和谐稳定

充分整合党员、村民代表、协管员、治安志愿者等各类力量1.8万人，进入网格开展治安巡防、矛盾调解、交通秩序维护等工作，营造了温馨、祥和、稳定的社会环境，密云县连续三年群众安全感满意度位居全市前列。系统运行以来，共记录社会治安类事件8750件，办结8647件，办结率98.82%。在网格社会管理员巡查中，发现并及时处理或上报散发、张贴法轮功传单1506件，调解居民纠纷1347件，发现电动车未锁或汽车车窗未关等治安隐患3816件，发现并及时上报打架斗殴、盗窃、诈骗等治安事件391件，引导规范信访行为265件。

三、为群众解难题干实事谋福利

依托网格化社会服务管理站、“一刻钟社区服务圈”、电子保姆等平台，将公共服务、志愿服务、便利服务融入网格。41个县职能部门依托基础网格，积极对接、主动融入，相继建立劳动就业、社会保障、文化体育等业务网格，将250多项职能全面融入网格化体系依托网格，协调推进科技、教育、医疗、就业、社会保障等各项社会服务工作。系统运行以来，共记录社区服务管理类事件14850件，办结14449件，办结率97.29%。为居民提供咨询和办理证件手续5424件，帮助居民处理房屋、太阳能、管道

漏水1814件，受理宠物扰民、噪音扰民事件904件。

四、加强应急处理，维护公共安全

在网格化体系建设中，大力实施信息网、通讯网、视频网、广播网“四网联动”工程，推进网格化、应急、非紧急救助和综治维稳“四中心”融合衔接，依托网格化加强应急处理，维护公共安全。系统运行以来，共记录涉及公共安全类事件1100件，办结1054件，办结率95.81%。处理网格内雨雪灾害、路面结冰等情况702件，发现并及时上报各类食品安全事件356件。

在应对2011年“7·24”、2012年“7·21”强降雨灾害中，水务、市政、消防、卫生、公路、电力等部门积极开展抢险救援、设施抢修、卫生防疫等服务管理工作。“7·21”暴雨来临时，穆家峪镇新农村、刘林池等村以网格为单位，通过以往的数据排查，干部、党员、村民代表、抢险小队通过包片、包户及时通知群众，进行安全转移，22日凌晨危房内的住户群众全部撤离并转移到安全地点，未出现人员伤亡事件，受到群众好评。

东邵渠镇依托网格化体系打造便民服务新模式[①]

县委社会工委 姜进祥 刘 杰

（2013 年 4 月）

密云县东邵渠镇依托网格化社会服务管理体系，整合服务资源，优化办事流程，提高工作效率，建立村级便民服务代办点，满足了农村地区群众的多元化、个性化服务需求。

一、主要做法

（一）搭建基层服务平台。升级改造村网格化社会服务管理站，设置村级便民服务代办点，与镇网格化社会服务管理指挥中心、便民服务中心对接。在村级代办点设置综合服务窗口，承担信息传递和免费代办等职能。

（二）推行集约化办公。将即办和承办 2 类、108 项便民服务事项，纳入村级便民服务代办点综合窗口集中办理。即办类是指能够直接在村级办理的事项，第一时间直接办理；承办类是指需

① 2013 年开始，东邵渠镇依托网格化体系整合基层服务资源、优化办事流程，建立村级便民服务代办点，为农民群众提供了高效、便捷的政务服务和便民服务。2013 年 5 月 21 日，市政协委员来密云视察网格化体系建设时，对此给予充分肯定。本文是此项工作的经验材料，原载于《北京市社会服务管理创新专报》2013 年第 39 期。

要转交办理事项，由窗口工作人员通过网格化信息系统传送至镇网格化指挥中心，分派至镇便民服务中心协调相关职能科室在规定时限内解决，并由网格员进行沟通、联络、代办，反馈办理结果，实现“一窗口受理、一窗口办结、一条龙服务”。

（三）打造特色便民服务。14个村均设立了村级便民服务代办点，为群众提供免费代办和政策宣传服务。一是通过网格化信息系统处理承办事项，实现网络代办和督办。二是成立以网格员、村干部、村官为骨干的110余人的代办员队伍，为群众提供78项免费代办服务。此外，还为高龄老人、残疾人等特殊群体提供上门服务，将办结手续送到他们手中。三是通过村级便民服务代办点和网格代办员向村民发放《便民服务中心办事须知》，宣传、讲解服务内容、办事流程和所需材料等，提高群众办事便利度，同时深入了解民情民意，将搜集的群众需求上报至镇便民服务中心。

二、取得成效

截至2013年3月31日，村级代办点代办服务事项5044件，占全镇受理便民服务事项的71%。代办点的成立，为群众提供了高效、便捷的社会化服务，构建起政府面向基层群众的综合性服务平台。

一是方便了群众办事，赢得了百姓称赞。通过村级代办点，为行动不便老人、残疾人员和有需求的群众提供服务事项代办、代领和上门服务，使交通不便地区的群众和特殊群体足不出村就能享受到老年优待卡、养老助残券等多项便民服务，让他们少跑路、快办事，给群众带来了便利和实惠。

二是优化了办事流程，提高了办事效率。村级代办点与镇便民服务中心、镇网格化指挥中心有机衔接，实现“一站式办公、一条龙服务”，优化了工作流程，简化了办事程序，实现了信息及时传递、事项快速解决，以往需要 1 个月以上的审批过程，现在只需 15 个工作日就可以解决。

三是实现了职能下移，促进了服务型政府建设。依托网格化平台和网格员队伍，将政府公共服务职能重新整合和全面下移，直接将服务送至百姓身边，树立了服务型政府的良好形象。

阶段小结

密云立体分类式网格化体系建成运行之后，各部门、各镇街积极利用网格化体制机制，创新工作方式、提高履职效率，探索形成了一批社会服务管理创新亮点。县法院建立“三纵五横”网格化服务管理工作模式，被市高级人民法院评为“北京法院优秀基层党建创新工作项目”，在全市推广；实施“志愿服务进网格工程”，促进镇街属地、县直部门、社会组织三个层面志愿服务力量深入基层网格，服务城乡群众，涌现出了全国百名优秀志愿者刘淑芹等一大批先进典型；以东邵渠镇为试点，依托网格化工作机制，创新基层便民服务体系，使农村地区社会管理更加高效，农民办事更加便捷……延庆、门头沟、通州、大兴、平谷、房山、丰台、昌平等区县及广西崇左市、贵州贵阳市先后到密云考察网格化工作。网格化体系在改善城乡环境秩序、提高为民服务水平、促进社会和谐稳定等方面发挥了突出作用，已经成为密云加强和创新社会服务管理的新引擎和主平台。

第四部分　纵深发展阶段

（2013 年 6 月至今）

2013 年 6 月以来，为了更加及时地反映和协调人民群众各方面各层次利益诉求，引导和支持居民群众和社会力量广泛参与，进一步巩固网格化体系建设成果，密云县加快推进网格化体系向纵深发展。建立健全网格化工作长效机制，协调全县数十个部门，编制密云县网格化社会服务管理标准体系，对网格划分、人员配置、运行管理、监督考评等 40 多项综合管理和业务内容进行全面规范。强化监督考核，建立网格化三级预警监察机制，对未按规定及时履责的单位，视情况启动政府督查督办、监察局行政效能监察程序；每天、每周、每月、每季度对网格化运行情况进行分析通报，要求镇街机关干部全员包网格，将工作成效纳入单位责任制和干部本人年度考核。同时积极推动网格化体系功能定位由社会管理向社会治理转变，以东邵渠镇等镇为试点探索基层社会治理创新，强化党组织统筹引领作用，以志愿服务进网格工程、购买社会组织服务等方式为载体带动社会力量和广大群众积极参与，努力形成社会治理人人参与的良好格局。

市政协委员视察密云网格化体系建设工作

县人大代表视察网格化社会服务管理工作

2013 年 10 月 25 日，密云县网格化社会服务管理标准体系通过专家评审

青年志愿者走进网格帮扶老年人

由“管”到“治”推动网格化工作纵深发展的思考[①]

王玉江

（2013 年 12 月）

2010 年开始，按照“社会建设努力走在全市郊区前列”奋斗目标，我县立足工作实际和群众需求，大力推进立体分类式网格化社会服务管理体系建设。2012 年 6 月，在全市率先实现网格化工作全覆盖，进入全面运行和深化完善阶段。目前，网格化体系已经成为全县基层综合服务管理的重要平台，在改善城乡环境秩序、提高为民服务水平、促进社会和谐稳定等方面发挥着重要作用。为推动我县网格化工作向纵深发展，更加及时地反映和协调人民群众各方面各层次利益诉求，引导、支持居民群众和社会力量广泛参与社会治理，进一步提升网格化体系建设水平，我们就有关问题进行了专题调研。

① 此文作者王玉江时任中共密云县委副书记、政法委书记。为进一步推动网格化工作向纵深发展，健全基层社会服务管理工作平台，2013 年 6 月至 11 月，县领导牵头组织社会工委、研究室、行政服务中心及有关街道负责同志就这一课题进行了专题调研，梳理分析了我县网格化体系建设的现状、成效和存在不足，提出了推动我县网格化工作向纵深发展、实现由“管理”向“治理”的转变的思路和措施。本文就是此次调研的总结报告，原载于《密云调研》2013 年第 28 期。

一、我县网格化体系建设现状和成效

我县网格化体系建设坚持顶层总体设计和基层实践创新相结合的原则，通过三年多的探索和实践，在体系框架、人员整合、科技支撑等方面形成了一系列符合郊区特点、具有密云特色的经验做法，取得了明显成效。具体来说，可以概括为“五个一”：

1. 编织了一张全域覆盖的工作网络。建立纵向到底、横向到边的工作体系，形成县、镇街、村（社区）、基础网格的四级立体工作层级，按照不同地理特点划分社区、村庄、农地、山场、景区、公路河流铁路、工业区等7类5204个基础网格。在县级层面成立县网格化社会服务管理综合指挥中心，统一领导全县网格化社会服务管理工作，并实现网格化指挥中心与应急、非紧急救助、综治维稳中心融合贯通，统一指挥调度；在20个镇街建立镇街网格化社会服务管理工作领导小组，下设镇街网格化指挥中心；369个村（社区）全部成立了社会服务管理站。

2. 整合了一支多元协作的网格队伍。整合配备了“6+N”类网格工作人员1.8万余名，“6类”是指基层党员、村（居）民代表、协管员、公益性就业岗位人员、志愿者、镇街机关干部，“N类”是指县职能部门干部，其中协管员和公益性就业岗位人员是农村网格的骨干力量。为使网格工作人员更好地发挥作用，我县将2092名协管员和1.5万名公益性就业岗位人员进行整合，择优设立专职社会管理员，采取奖励和补贴的方式适当提高工资待遇，使其承担社会治安、环境整治、保护水源、防汛防火、便民服务等网格职责，实现了减员增效。特别是属地社会管理员积极进网格开展治安巡防、矛盾调解等工作，营造了和谐稳定的社会环境，我县群众安全感满意度连续多年位居全市前三名。

3. 形成了一个条块统筹的工作格局。县级各职能部门结合工作实际划分各自的业务网格，与镇街基础网格互动对接，共同构成立体分类式网格，及时高效处置业务范围内的各类事项，实现了条块有机统筹。目前已有38个县级部门融入网格化体系，与8600多名属地社会管理员共同实施精细化管理，对水源环境、违章建筑、盗采盗运、流动人口集中区等进行常态化治理。镇街便民服务中心和村便民服务代办点，依托网格化机制加强公共服务，构建了农村“三级联动”便民服务体系，通过社会管理员为群众提供108项代办服务，农民办事更省心、更省力。条块统筹的网格化管理，提高了工作效率和质量。2013年，我县环境建设综合成绩排名全市前列；县法院建立的“三纵五横”网格化工作模式，在全市法院系统进行推广。

4. 建设了一条互联互通的信息纽带。开发了密云县网格化社会服务管理信息系统，建立涵盖14大类、178项、100多万条信息的社会服务管理基础数据库，形成动态更新机制，解决了底数不清、情况不明的问题，实现了县、镇（街）、村（社区）、职能部门的互联互通，该系统已获得国家版权局颁发的《软件著作权登记证书》。依托网格化信息系统，推动政务网、视频监控网、电话通讯网、“村村响”广播网“四网合一”，统筹整合城乡社区服务站、镇街便民服务中心、“一刻钟社区服务圈”、“电子保姆”智能化呼叫系统等各类平台资源，为社会服务进网格提供了有力支撑。今年1—11月，网格化信息系统共记录事项68.98万件，办结68.68万件，办结率99.56%。

5. 建立了一套规范标准的运行机制。编制了密云县网格化社会服务管理标准体系，对网格划分、人员配置、运行管理、监督考评等40多项综合管理和业务内容进行全面规范。建立了“发现上报、任务分派、问题处置、核查反馈、形成评价”五步闭合流程，实行全程智能化管理。建立了网格化三级预警监察机制，强化监督考核。对未按规定及时履责的单位，视情况启动政府督察督办、监察局行政效能监察程序；每天、每周、每月、每季度对网格化运行情况进行分析通报；同时要求镇街机关干部全员包网格，将工作成效纳入单位责任制和干部本人年度考核。

二、我县网格化体系建设存在的不足

我县网格化体系建设虽然取得了较大成效，但在当前全面深化改革的形势下，与社会建设的实际需要相比，与城乡群众的服务需求相比，还存在着很多不足之处，具体表现在：

1. 融入网格的县职能部门涵盖领域不足，政府主导作用有待进一步发挥。根据县网格化指挥中心统计，目前有 38 个县职能部门接受指挥中心分派任务，但划分业务网格、主动进网格开展工作的仅有 24 个，融入网格的服务管理事项没有完全涵盖与群众生产生活密切相关的领域，特别是有些承担基层管理任务、直接面向群众服务的部门还没有进网格。已经进网格的职能部门融入程度也不一样，个别部门安排进网格人员和管理力量有限，难以发挥作用，无法与基层力量形成合力。同时，各单位网格化工作仍重管理轻服务，融入网格的职能、系统记录的事件大都是管理类事项，服务职能需要与网格化体系进一步深度衔接。

2. 网格化体系建设的引导机制不够健全，规范化建设有待进一步加强。一是在前期体系建设中，社会管理员的职责、进入网格的服务管理事项等由有关职能部门和各镇街自行设定，社会管理员上报的事件标准不一，不利于信息平台高效地处置各类事件、准确地开展研判分析。二是在工作运行中还存在着不规范的地方，特别是事件处理流程不统一、考评监督机制不完善，各镇街各部门的考核内容、标准设置和分值权重都存在不同程度的差异。三是事件分类不够科学。部分事件重复分类，如街道环境类和宣传广告类事件中都有“散发小广告”的子类事件，影响工作效率。同时还有很多事件未能纳入网格化体系，如教育、科技、文化、卫生、体育等服务类事件，亟待补充。

3. 网格工作平台的智能化程度不够高，新兴信息技术手段有待进一步应用。我县网格化体系在建设初期，立足于有效和管用，在较短的时间内就开发了一套覆盖各镇街、各部门的网格化信息系统，为网格化工作提供了重要的技术支撑。但受财力和观念的制约，工作平台的智能化程度还不够高，包括统计分析模块的智能化水平较低，重点区域视频探头分布还存在盲点，网格化信息系统与视频监控系统未能有效集成，GIS 地图、城市管理等基础数据仍需细化，手机终端尚未得到有效应用等。这些新兴信息技术的应用不足，在一定程度上制约了群众和社会力量的参与。

4. 参与网格化工作的社会主体相对单一，社会动员机制有待进一步完善。在当前的社会形势下，政府作为单一主体管理公共事务已难以满足群众需求，应动员社会组织及群众共同参与治理，充分发挥多元主体的作用。我县虽然在网格管理员队伍建设中整合了党员、村（居）民代表、志愿者等各方社会力量，但相应的宣传引导和激励机制并没有完全建立起来，特别是在政策、资金两方面对社会组织的扶持力度有限，在社会事务管理中社会组织参与不足，群众参与的广度和深度也有待提高，群众主体地位没有得到充分发挥。

三、推动我县网格化工作向纵深发展，实现由“管理”向“治理”的转变

（一）充分认识推动我县网格化体系向纵深发展、实现由“管理”向“治理”转变的重要意义

党的十八届三中全会《关于全面深化改革若干重大问题的决定》提出：“创新社会治理，必须着眼于维护最广大人民根本利

益，最大限度增加和谐因素，增强社会发展活力，提高社会治理水平”。要“以网格化管理、社会化服务为方向，健全基层综合服务管理平台，及时反映和协调人民群众各方面各层次利益诉求”。这为我县进一步推动网格化体系向纵深发展、实现社会管理向社会治理转变，提供了重要的政策指导和理论支撑。我们要充分认识到社会治理跟社会管理的不同：社会治理的内涵更为全面，涉及社会建设的方方面面；社会治理的主体更为多元，既包含党委、人大、政府、政协，又包含市场、社会组织、居民群众；社会治理的方式更为多样，不是单纯依靠行政手段，而是更多地依靠法治、依靠自治。

解决目前我县网格化工作中存在的问题，必须推动网格化体系向纵深发展、由“社会管理”向“社会治理”转变。因为网格化的社会治理能最终实现公共利益的最大化，是政府、社会组织、企事业单位、镇村以及个人等诸多主体，通过平等合作的关系，依托网格化体系，依法对社会事务和社会活动进行的规范和治理。它强调多元互动、彼此信任、利益协调，要求治理理念从管理向服务转型，治理主体从单一向多元转型，治理方式从传统向现代转型，治理资源从分散向整合转型。这种治理模式，克服了相对单一的传统管理手段的缺陷，能够应对当前社会事务日益复杂、社会需求千差万别、社会问题点多面广的社会形势，有效地解决社会服务管理中的各种矛盾和问题。

（二）从多元参与入手，推动政府、社会组织、群众等不同主体在网格化体系中协同配合

1. 发挥政府主导作用，推进部门职能与网格化深度融合。在职能部门、镇街职能科室进网格的基础上，优化组织结构、完善运行机制、突出责任落实，在网格化体系框架内强化部门协作的体制机制。探索在县、镇（街）网格化工作领导小组下面，分别

建立生态建设、社会管理、社会服务三个工作组，每个工作组明确一个牵头部门（科室），成员由相关领域职能部门（科室）组成。由县、镇（街）网格化指挥中心负责运行管理、监督考评，各工作组依托网格化体系负责本领域工作的贯彻落实，推动政府职能部门工作人员进入网格直接联系和服务群众。

2. 激发社会组织活力，引导社会力量参与。充分发挥县、镇（街）两级“枢纽型”社会组织引领带动作用，以社会领域党的群众路线教育实践活动为契机，深入整合社会资源，带动各行各业积极参与网格化的社会治理。加大社会组织孵化和培育力度，重点培育和优先发展商会类、科技类、公益慈善类、城乡社区服务类社会组织。健全政府购买社会组织服务制度，通过政策、资金倾斜，扶持引导更多社会组织参与网格化的社会治理。

3. 完善社会动员机制，以志愿服务为平台吸引群众参与。深入实施“志愿服务进网格工程”，大力动员城乡群众共同参与社会治理，将网格打造成志愿者与群众之间的“传声筒”，形成依托网格采集群众需求、对接志愿服务项目的长效机制，为志愿者在网格内帮群众解难题、办实事提供精细化、高效化的服务平台。

（三）从标准实施入手，推动网格化体系规范运行

我县网格化标准体系已通过专家评审，申报了国家级服务业标准化试点并已通过初审，正式发布后的工作重点是有效运行，在实践中持续改进，以标准化建设为手段规范网格化体系运行。一是建立健全推动标准体系运行的机制。研究制定推进标准体系落实的实施方案和考核细则，健全督查考核机制，将标准实施和网格化运行情况纳入各单位年终考评。二是切实提高标准体系运行时效。将网格划分、管理层级、人员配置、运行流程、监督考评等进行全面规范，便于各镇（街）、各职能部门网格化工作依

照标准运行；对网格事件重新科学分类，补充缺失事件类型，完善现有事件类型，提高网格化体系精细化程度，使基层上报的事件更加规范，便于党委政府根据统计数据科学决策；促进更多职能部门细化、规范相关领域工作标准，更好地融入网格开展工作。三是加强网格队伍建设。通过加强各职能部门、基层单位工作人员的标准体系培训，进一步普及网格化、标准化知识，提高社会治理标准化意识。四是建立持续改进网格管理服务的长效机制。各镇街和融入网格的职能部门应以标准体系实施为新起点，把标准化工作作为推动社会治理创新的手段和方法，建立持续改进的长效机制，推动标准化建设成果转化和社会治理规范化，努力构建“有法可依、有标可循、有准可考”的新型工作机制，切实提高社会治理法治化水平。

（四）从服务群众入手，推动基层服务资源与网格化体系整合集成

推进网格化的社会治理模式，强化社会服务体系建设，切实提高群众幸福感和满意度。一是推进机构整合。将村（社区）基层组织创建工作领导小组、网格化社会服务管理站、社区服务站、便民服务站等机构合并，纳入网格化社会治理平台，统筹承担相关工作任务。二是推进流程整合。以网格化信息系统为基础平台，整合便民服务中心、党建全程纪实管理中心、综治维稳管理中心等服务管理资源，梳理服务管理项目，实现便民服务、综治维稳、生态环境保护等社会治理工作运行流程有机合一，构建大平台、多接口、一体化的社会治理格局。三是推进人员整合。在网格化社会治理工作中统一调配协管员、村（社区）“两委”班子成员、大学生村官（社区工作者）、生态林管护员、管水员、防疫员、保洁员等公益性就业岗位人员，集中更多的人力资源为群众服务。

（五）从技术支撑入手，推动网格化体系更加智慧联动

现代信息化技术的发展，为社会建设拓展工作范围、提升工作水平提供了新手段、新方法，我们要不断强化新兴信息技术在网格化体系建设中的应用。一是建设 GIS 地理大图像系统。结合社会服务与管理事项，规划建设图像信息点位，预留新城、商务区、京沈高铁等规划建设区域图像点位，实现对密云 5204 个网格无盲区、无死角的图像监控全覆盖，推动社会服务管理领域互联化、物联化、智能化。二是建设基于 GIS 的网格化视频管理指挥系统。在网格化社会服务管理信息平台整合 GIS 地图的基础上，进一步实现对全县重要节点视频探头信息的整合，将分散的视频探头信息集中整合到 GIS 地理大图像系统中，实现重点区域视频探头的可视化管理，推动视频监控系统、指挥调度系统、网格化平台系统（空间地理位置信息、事件信息、资源信息）的“三系统”整合。三是开发应用网格化社会服务管理手机终端软件。通过现代化智能通讯工具，为群众或网格社会管理员随时随地进行现场信息录入、拍摄、上报、反映诉求创造条件，利用智慧手段引导志愿者和社区居民主动参与网格化的社会治理工作。四是推进城市管理网格化系统建设。对消防、安全生产、智能交通、供暖供气、电力调度、通讯网络资源等进行集中监控管理，获取各行业实时动态数据，使管理者能够实时了解全县各行各业的运行状态，提前做好预测预警。

关于密云县网格化社会服务管理标准体系建设的研究①

县委社会工委 纪海明 马海涛 李 悦

密云县立体分类式网格化社会服务管理体系自2010年6月开始构思和设计，2012年6月网格化系统正式上线运行，在我县社会服务管理工作中发挥了重要作用。为规范运行流程、细化运行标准、提升运行效能，推进网格化体系向纵深发展，我们经调查研究，认为有必要建立密云县网格化社会服务管理标准体系，以促进网格化体系建设规范化、标准化。

一、密云县网格化社会服务管理体系的发展现状

（一）网格化社会服务管理体系建设的主要做法

密云县立体分类式网格化体系可以用五个关键词概括："全域覆盖、格清责明、整合联动、科技支撑、闭环运转"。

1. 构建"全域覆盖、格清责明"的立体分类式网格。在工

① 按照县委县政府关于提升网格化社会服务管理工作规范化水平，推动网格化体系建设向纵深发展的指示精神，2013年，县委社会工委组织人员就编制密云县网格化社会服务管理标准体系进行专题研究，提出了标准体系的编制思路和总体框架。这是网格化标准体系建设的阶段性研究成果。

作体系上，建立县、镇（街）、村（社区）、基础网格的四级立体层级，按照地理特点划分社区、村庄、农地、山场、景区、公路河流铁路、工业区 7 类基础网格。同时推动职能部门根据业务特点和工作力量，按照稳定、一般、重点等不同类别划分各自的业务网格，配置不同的服务管理力量，建立相应的工作机制。目前全县共划分基础网格 5204 个；已有公安、法院、市政市容、城管、民政等 41 个县级部门融入网格化体系。

2. 建立“整合联动”的网格社会管理员队伍。目前共整合配备了“6+N”类网格工作力量 1.8 万余名，其中 6 类是指基层党员、村居民代表、“六护”人员、部门协管员、志愿者、镇街机关人员，N 类是指县职能部门人员。为使网格社会管理员更好地发挥作用，我们提出将 2138 名协管员和 15207 名公益性就业岗位人员划归镇街统筹使用，进一步规范管理、培训、考核和激励机制。目前已在部分乡镇开展试点。

3. 搭建“科技支撑”的信息化工作平台。县级层面，成立县网格化社会服务管理综合指挥中心，统一领导全县网格化工作，社会工委、综治办、网格化指挥中心办公室具体负责。20 个镇街和开发区建立镇街网格化指挥中心，369 个村（社区）成立社会服务管理站。开发了密云县网格化信息系统，实现县、镇（街）、村（社区）、职能部门互联互通。2013 年 2 月，该系统取得了国家版权局授予的《计算机软件著作权登记证书》。

4. 建立“闭环运转”的工作流程。建立“发现上报，任务分派，问题处置，核查反馈，形成评价”的闭合流程，实行全程智能化闭环管理。对各镇街上报的事件，根据职责分派到县职能部门，要求职能部门在规定时间内处理并反馈结果。对于未在规定时间内办理的，由县政府督查室下达督查督办通知单，仍未落实的，由县监察局启动行政效能监察程序。同时，将网格化工作纳入各镇街、村（社区）年度责任制考核。

(二) 取得的初步成效

通过网格化的精细管理、贴心服务，市容环境更加整洁，社会更加和谐稳定，政务服务、便民服务和公益服务更加贴心便利，应急处置更加及时到位，得到了群众的高度认可。截至2013年9月底，依托网格化体系，密云县解决和处理涉及生态环境保护、社区服务、治安管理、突发应急事件等各类事件502748件，办结499960件，办结率99.45%，其中96%的事件在镇街和村（社区）层面得到解决。网格化体系已经成为密云加强和创新社会管理的新引擎和主平台。开展网格化工作以来，刘淇、郭金龙、王安顺、陈刚等领导多次前来调研并给予充分肯定，丰台、延庆、门头沟、通州、大兴、平谷、房山等区县及广西崇左市先后到密云考察网格化工作。

二、网格化体系运行中存在的主要问题

当前，我县网格化体系建设已进入向纵深发展阶段，在运行管理中存在一些亟待解决的问题，主要包括：

一是在运行过程中，网格社会管理员的职责、进入网格的服务管理事项等由有关职能部门和各镇街自行设定，社会管理员上报的事件尺度不一，缺乏统一标准，不利于县级平台高效地处置各类事件、准确地开展研判分析。

二是在网格化工作的组织、运行、保障等方面还存在着不规范的地方，特别是事件处理流程不统一、考评监督机制不完善，各镇（街）、各部门的考核内容、标准设置和分值权重有一定差异。

三是事件分类不科学。部分事件重复分类，如街道环境类事件中有“散发小广告”的子类事件，而宣传广告类事件中也有

“张贴、散发小广告”的子类事件。而很多服务类事件未能纳入网格化体系，如教育、科技、文化、卫生、体育等服务类事件，急需加以补充。

四是融入网格的县职能部门尚未涵盖我县社会服务管理的方方面面。目前仅41个部门融入网格开展服务管理工作，个别职能部门还没有对所负责的工作进行梳理，融入的服务管理事项没有涵盖其所有应向公众提供的服务管理职能，与网格化体系建设的要求还有较大差距。同时，已经融入网格的职能部门融入程度不一，个别部门安排人员和管理力量有限，难以发挥作用。

三、建设网格化社会服务管理标准体系的建议

标准化就是把有效履行工作职责的经验通过标准这种形式固定下来，便于复制和推广。标准化作为推动社会服务管理的有力工具，是提高社会服务管理水平和行政效能的重要措施，也是促进经济社会发展的重要技术支撑。因此，针对网格化体系运行中存在的问题，需要将标准化理念和方法运用于网格化体系建设，制定全县统一的网格化标准体系，其目的在于：一是通过制定相关标准，将网格划分、管理层级、人员配置、运行流程、监督考评等做全县统一，便于各镇（街）、各职能部门网格化工作依照标准运行，进一步提高网格化体系在社会服务管理工作中的规范性。二是通过标准体系的制定，对网格事件重新科学分类。补充缺失事件类型，完善现有事件类型，提高网格化体系精细化程度，使基层上报的事件更加规范，便于领导根据事件统计数据科学决策。三是促进部门融入，加强部门履职。通过标准体系的编制和发布，促进更多的县职能部门细化、规范相关领域工作标准，更好地融入网格开展工作，依托网格化体系提高工作效率，促进工作落实。具体做法是：

（一）建立网格化标准体系建设的体制机制

1. 成立县网格化社会服务管理标准体系建设工作领导小组。由县委主管领导担任领导小组组长，县政府相关县领导担任副组长。根据网格化体系建设实际和需要融入网格的服务管理事项，领导小组成员单位由县委社会工委、县综治办、县网格办、县行政服务中心、县公安局、县市政市容委等40个县直部门和20个镇街组成。各成员单位成立以主要领导为组长的工作小组，明确责任领导和具体责任人，组织落实标准体系建设工作。

2. 制订密云县建设网格化社会服务管理标准体系工作方案。以“建设符合通行标准、突出密云特色、可用实用易用的标准体系，用于规范网格化社会服务管理体系运行，促进部门融入网格，明确工作标准，理顺工作流程，提高工作质量，全面提升我县标准化建设水平，明显提高群众对社会服务管理的满意度”为工作目标，明确“整体规划、突出重点、分步实施、稳步推进”的总体工作思路。逐一细化每一阶段的计划安排、工作内容、实现目标和时间节点，通过界定部门职责、明确管理与服务事项、梳理相关工作制度、工作程序、优化操作流程、建立标准体系框架。

（二）引入专业咨询机构支持，加强标准化人才队伍建设

网格化体系的标准化工作，是一项系统工程，需要专业部门的指导，需要专业人员的参与，更需要有关部门的支持和配合。为此，需要引入专业咨询机构，由他们派出专家团队，指导、帮助我们的标准体系建设工作。同时，需要从各职能部门抽调精兵强将，组成一支基本功强、业务熟练、能打硬仗的标准化编写队伍。同时，还需要加强队伍建设，通过采取边培训、边实践的工作模式，使编写人员能够在最短的时间掌握标准的基础理论知

识，并通过实践掌握标准编制的规范要求。

（三）构建符合实际、具有密云特色的网格化标准体系框架

严格按照《服务业组织标准化工作指南》的要求，建立包括通用基础标准体系（含1项：标准化工作导则）、综合管理体系（含8项）、业务标准体系（含32项）的标准体系（标准体系结构图见附件）。

1. 综合管理体系。编制涵盖网格划分、管理层级、人员配置、信息采集、运行管理、监督考评、行政服务中心平台管理、信息化管理的综合管理体系及相关标准。一是结合密云县网格化社会服务管理体系建设的实际，突出地域特色，编写立体分类式网格划分标准、人员配置标准和信息采集标准。二是按照“两级指挥、四级服务管理”的要求，以县、镇网格化指挥中心职责、机构设置和村社会服务管理站及网格单元工作职责、工作标准、工作要求、人员配置等为主要内容，编写管理层级标准。三是按照网格化体系运行的要求，制定各级机构和工作的运行流程和管理规范，编写运行管理标准和行政服务中心平台管理标准。四是按照责任制考评要求，以考评内容、指标体系和考评方法为主要内容，编写监督考评标准。五是按照信息化支撑原则，完成网格化信息系统建设规范，从软件架构、硬件架构、运维管理等各个方面进行全方位的标准化设计，编写网格化信息系统建设规范。

2. 业务标准体系。结合密云生态涵养发展区实际，编制涵盖生态建设、社会管理、社会服务、区域化党建的业务标准体系及相关标准。一是加强生态建设，在城乡环境方面，完成违法建设、环境卫生的标准化建设；在生态资源方面，完成矿产资源管理、生态林管护、水资源管理的标准化建设；在公共设施方面，完成园林绿化、设施维护的标准化建设。二是加强社会管理，在社会稳定方面，完成治安管理、信访矛盾纠纷调处的标准化建

设；在公共安全方面，完成突发应急事件、安全生产、交通安全、食品药品安全、公共卫生的标准化建设；在公共秩序方面，完成流动人口管理、市场秩序、市容秩序的标准化建设。三是加强社会服务，在公共服务方面，完成就业增收、社会救助、助残服务、教育服务、科技服务、文化服务、卫计服务、体育服务的标准化建设；在便民服务方面，完成商业服务、居家养老服务、电子保姆服务的标准化建设；同时，规范志愿服务进网格的标准和工作要求。四是加强区域化党建，完成区域化党建工作标准化建设，推动区域化党建工作创新，以党的建设促进社会建设。

（四）推动网格化标准体系落实和持续改进。持续推进我县标准化建设是一项长期、艰巨而复杂的工作任务，它是将标准化理念和方法运用于社会服务管理的一个渐进的过程。因此，对已建立的网格化标准体系还需要在应用中不断加以改进，以保证标准化建设工作的持续性；更要立足于需求，进一步扩展和完善标准体系的有关内容，以保证标准化建设工作更有针对性。为此，需要不断对网格化标准体系在实践中完善和改进。一是进一步建立持续改进的长效机制。各融入网格的职能部门和具体开展网格化工作的镇街能够把标准化工作作为推进社会服务管理创新常态化、持续化的手段和方法，建立持续改进的长效机制，全面深入推进标准化建设成果转换。二是进一步加强标准化人才队伍建设。通过加强各职能部门、基层单位工作人员的标准化知识培训，进一步普及标准化知识，提高标准化意识，充分运用标准化理念和方法，形成一种讲标准、用标准的风气，全力推动社会服务管理法制化、规范化建设工作，努力构建“有法可依、有标可循、有准可考”的新型工作机制，切实提高社会服务管理工作水平。

密云县建立网格化社会服务管理全时分析制度[①]

县委社会工委 纪海明 陈小忠

（2013 年 7 月）

为进一步规范网格化工作运行，充分发挥其对社会服务管理的基础性平台作用，密云县逐步探索建立了以“日提醒、周汇总、月通报、季分析”为主要内容的全时分析制度，已经成为研判社会服务管理总体形势和制定决策的重要依据。

一、主要做法

短信平台“日提醒”。利用密云社会建设短信平台，采集建立了包括县领导、县直部门、镇街党政主要领导、镇街社会工作党委书记等 160 多人的通讯资源库。每日定时编辑短信发送给有关领导和单位，提醒当日网格化系统记录的事件发生和处理情况。专门制定了短信平台使用管理办法，指定专人负责日常管理使用和运行维护，严格规范信息发布程序，确保短信平台安全规

① 为进一步加强网格化社会服务管理长效机制建设，完善分析通报和督查考核机制，2013 年以来，密云县逐步探索建立了以“日提醒、周汇总、月通报、季分析”为主要内容的全时分析制度，已经成为研判社会服务管理总体形势和制定决策的重要依据。这是此项工作的总结材料。

范运行。此外，积极拓宽短信平台的功能范围，用于及时传达上级关于社会建设的最新指示精神、快速部署社会服务管理有关工作、高效指导镇街组织网格社会管理员主动科学地应对灾害性天气等。今年上半年，共发布短信息 217 项、34720 多条。

事件处理“周汇总”。根据密云县网格化社会服务管理信息系统记录，对上周各镇街上报和办结事件数等数据进行统计，并细分到治安管理、居民诉求、市容环境等具体类别，形成每周情况汇总，下发到各镇街网格化指挥中心。主要帮助镇街达到三个目的：一是及时了解本辖区事件上报情况，对那些不履职的科室、村（社区）和网格社会管理员给予相应处理。二是掌握本辖区事件办理情况，以便对办结率较低的村（社区）和机关科室进行督促，对未及时解决的重点事件和普遍性问题进行督办；三是帮助镇街及时了解本辖区近期事件类别和特征，研判当前工作重点。

工作运行“月通报”。每月 5 日对上月网格化体系运行情况在全县范围内进行通报。重点通报三方面内容：一是各单位上线运行情况。统计各镇（街）、县职能部门、村（社区）登录网格化信息系统上线运行时间，并按时长进行排名，督促网格化信息平台工作人员认真落实岗位责任，确保工作时间全程在线。二是记录和处理事件情况。统计通报上月全县事件发生、办理等情况，促进各单位完善工作流程，及时发现处置各类社会服务管理问题、隐患和群众需求。今年以来，每月事件办结率保持在 98%以上。三是重大决策任务进展情况。将重大项目、重点工程、为民拟办重要实事、折子工程等县委县政府重大决策任务管理纳入网格化社会服务管理信息系统，每月通报完成情况和下一步工作重点。

整体形势“季分析”。每季度对各镇街、各部门网格化体系运行情况将进行专项督查，由县委社会工委对全县社会服务管理整体形势进行综合分析，为县领导提供决策参考。一是分析全县网格化社会服务管理体系运行总体情况、主要特点和薄弱环节。今年一、二季度全县共记录社会服务管理事件 211774 件，99%的事件在规定时限内按照职责分工得到处理，事件主要集中在环境建设、综治维稳、社区服务管理和应急管理 4 大类。二是预测下季度发展趋势。综合考虑人员流动、气候变化、治安情况等各方面因素，分析主要类型社会服务管理事件变化趋势，提前进行预测预警。三是提出应对措施和建议。着重结合存在的社会服务管理问题、群众需求特点、事件变化趋势，研究提出深化网格化体系建设、加强和创新社会服务管理工作的建议措施。

二、取得成效

一是及时掌握辖区社会服务管理总体情况。通过每天、每周、每月、每季度的纵向对比，更加精确地了解全县及各镇街不同地域、不同时期社会服务管理总体特征，及时掌握人、地、物、事、组织的动态变化情况，做到心中有数、措施对头。二是加快推动重点难点问题解决。在与兄弟部门、兄弟镇街的横向对比中，更有利于发现差距和问题，特别是把影响网格化体系发挥作用的薄弱环节搞清楚，把影响社会和谐稳定的重点问题搞清楚，有针对性地推动社会服务管理工作向纵深发展。三是进一步促进各单位在网格内服务群众。根据汇总和排名情况，各单位对科室、村（社区）及社会管理员落实相应的奖惩措施。县里结合督查情况，每季度评选网格化工作优秀单位和优秀个人，并将督查和评选结果纳入年终责任制考核，进一步调动各单位融入网格化体系服务群众的积极性和主动性。

密云县探索“四合一”农村社会治理新方式[①]

县委社会工委 纪海明 李 悦

（2013 年 9 月）

2010 年以来，密云县东邵渠镇作为首批试点镇，积极推进网格化社会服务管理体系建设；2012 年 4 月，成立全市首家镇级便民服务中心。为实现有限资源最优配置，推进网格化社会服务管理向纵深发展，今年以来，东邵渠镇结合自身实际，全力打造“四合一”农村社会治理新方式，以网格化体系为总平台，通过网格管理提高社会管理效能，通过便民服务提升社会服务水平，取得了良好成效。

一、主要做法

（一）组织管理机构合一。在镇级，将原有的网格化社会服务管理领导小组、便民服务工作领导小组合并，小组成员包括综治、公安、司法、民政、社保、残联、文化等业务科室，办公机

① 2013 年年初开始，密云县以东邵渠镇为试点探索农村社会治理创新，依托网格化体系整合基层服务管理平台、简化办事流程，动员社会力量和群众积极参与，取得明显效果。9 月开始，在穆家峪镇、河南寨镇、十里堡镇等 5 个乡镇进行了推广，初步形成了以网格化体系为支撑的农村社会治理新方式。这是东邵渠镇的经验材料。

构设在镇网格化社会服务管理指挥中心，实现服务管理事项统一领导、服务管理资源统一调配、服务管理人员统一使用、服务管理绩效统一考评。在村级，将村基层组织创建工作领导小组、网格化社会服务管理站、党建全程纪实中心、社区服务站、便民服务站、流动人口服务管理站等机构合并，纳入网格化平台，实现一套人马、多块牌子、一站式服务管理，统筹承担相关工作任务。

（二）服务管理平台合一。以镇网格化社会服务管理指挥中心为基础平台，加强通讯网、视频网、信息网、广播网技术集成，通过与各业务平台软件互联互通、数据共享，整合便民服务中心、农村党建全程纪实管理中心、综治维稳管理中心服务管理资源，将镇网格化指挥中心打造为农村治理总平台，有机嵌入各类职能要素，梳理服务管理项目，构筑大平台、多接口、一体化、纵深化的农村社会服务管理格局。

（三）服务管理流程合一。实现便民服务、综治维稳、党的建设、产业发展、网格化管理等服务管理运行流程有机合一，将各类办事程序纳入网格化体系统一处置。群众到村委会或电话要求服务、办理事项、反映问题时，统一由网格化社会服务管理站进行登记和受理，镇、村网格化平台在业务办理和提供服务上实现对接，做到“一条龙”服务，“一站式”办理。从接件到部门办理再到结果反馈回平台，形成农村治理内循环系统；从群众登记、平台受理到结果反馈给群众形成农村治理的外循环系统，镇村两级循环系统、内外双向循环系统相互依存有机对接，形成农村治理的两级四环双向闭合系统，实现社会服务管理由“上报审批型”向“服务型”转变，镇村工作人员由“管理员”向“服务员”转变，审批方式由传统的“分散封闭”向“集中开放”转变。

（四）服务管理资源合一。在提供服务管理的过程中，加强多方参与。根据基础网格类别、业务网格服务管理内容及工作量大小等综合因素，整合村“两委”班子成员、大学生村官、生态林管护员、管水员、防疫员、保洁员、公路养护员、六护执法员等公益性就业岗位人员，择优选派责任心强、综合素质较高的人员担任专职社会管理员。不担任专职社会管理员的党员、志愿者等人员与专职社会管理员组团入格，根据专业类别和人员数量，定期进入所对应的业务网格开展专业化管理、个性化服务。实现一岗多责、一人多能，人力资源效益最大化。

二、取得成效

（一）社会管理更加高效。截至 8 月底，通过网格化平台处理生态环境、综治维稳等社会管理类事件 9846 件，办结 9817 件，办结率 99.71%。其中 95%以上事件在村、网格内得到解决。

（二）社会服务更加便捷。截至 8 月底，以镇便民服务中心、村便民服务站为接口，依托网格化平台处理低保申请、居民养老、医疗保险、居民诉求等社会服务类事件 15051 件，办结 15035 件，办结率 99.89%。通过优化工作流程，简化办事程序，实现了信息及时传递、事项快速解决，以往需要 1 个月以上的审批过程，现在可以节省一半以上的时间。

（三）群众满意度显著提高。窗口式、一站式服务变群众跑为干部跑，变多次找为一次办，让群众少跑腿，极大地方便了办事群众。切实为群众解难事、办实事、谋福利，密切了干群关系，受到了群众的一致好评，将党的群众路线教育实践活动落到了实处。

河南寨镇党小组建在网格上助推社会治理体系建设[①]

河南寨镇

（2013 年 11 月）

为加强和创新农村社会治理工作，密云县河南寨镇党委将党小组建在网格上，把网格化工作同党组织设置有效对接，形成以党支部为核心、党小组为支点、网格为基础单元的基层党建和社会治理工作新格局，从而实现了党员先锋岗设到网格、党员创先争优延伸到网格、服务承诺活动开展到网格，引导党员更好地服务群众、服务经济发展。

一、基本情况

密云县河南寨镇现有党支部 41 个，党员 1556 名，党小组 122 个，其中农村党小组 103 个、机关党小组 13 个、社区党小组 6 个。河南寨镇党委依据“组织全覆盖、管理无缝隙、服务高质量”的模式，将全镇划分为 396 个网格，其中村庄网格 216 个、

① 2013 以来，密云县河南寨镇探索将党小组建在网格上，把网格化工作同党组织设置有效对接，形成了以党支部为核心、党小组为支点、网格为基础单元的基层党建和社会治理工作新格局。本文是此项工作的经验材料，原载于《密云政法信息》2013 年第 28 期。

农地网格 144 个、山场网格 35 个、工业区网格 1 个，初步建立起立体分类式网格化社会服务管理格局。

二、主要做法

（一）科学设置党小组，工作延伸至网格

合理调整党小组设置。各支部将临近网格内有活动能力的党员编入一个党小组，基本建成“一个党小组跨管三个网格”的模式，将村“两委”干部和骨干党员推荐为党小组长，具体负责网格小组的党建工作，建立了党小组网格责任区台账和党小组成员台账，并整合其他各类人员义务加入到网格化管理员队伍。同时将非公有制企业、志愿服务力量和其他社会组织、个体商户全部划归到相应网格管理。

注入新鲜血液增强党小组力量。不以党组织隶属关系为限，机关科室的党员干部和县职能部门进网格力量加入到网格党小组，成为党小组名誉成员，协调组织开展各项活动。

结合各村实际确定党员联系群众规模。党小组根据分管网格内每户家庭基本情况，建立基础台账。实行网格内党员分片包户，按照每名党员联系 10—20 户群众，指导和服务群众生产生活。通过开展“服务承诺、党员服务日、党员服务队”等活动，全面掌握群众生产生活中的困难及所思所想所盼。确定每月 5、15、25 日为机关党员集中服务日，为百姓提供更直接、更有效的服务。

培养年轻党小组长成为村级后备干部。一是重要会议特邀党小组长参加，提高党小组长工作责任感。二是逐步改善党员活动环境，为其开展活动创造良好条件。三是在党员服务日、党员学习日、网格化管理工作中发挥党小组长作用，提高组织协调能力。

定期听取党小组长的意见和建议。各支部在形成决议的事项中，对要求入党的积极分子，网格党小组通过走访调查，把党员

群众意见向支部反映，支部根据党小组的意见决定是否发展，使党员的责权得到充分体现，增强了党组织的吸引力和凝聚力。

（二）明确职责，发挥党员作用

镇党委制定下发了《河南寨镇党小组进网格工作职责》。一是组织引导。充分发挥党员的政策宣传员、信息调查员、爱心互助员作用，配合村党支部完成各项中心任务。二是参事议事。畅通群众诉求渠道，了解本网格内党员群众情况。三是协调服务。根据群众需求向村党支部提议，因地制宜地开展党员为群众做好事、办实事活动。四是管理党员。发现和培养要求入党的积极分子。做好网格内流动党员登记管理、教育培训工作。

（三）健全制度，规范网格党小组活动

建立定期入户走访和交流制度。网格党小组及党员，每季度对网格内重点和困难帮扶对象集中走访 1 次，每名党员上门走访每年不少于 4 次。

建立服务情况报告和信息反馈制度。村党支部每季度汇总上报基层群众遇到的困难和问题，及时反馈办理结果。暂时无法解决的及时报告镇党委、政府，建立台账。

建立服务群众长效机制。各支部、各网格党小组定期组织活动，切实发挥服务群众、促进和谐稳定的作用。

三、取得成效

通过党小组进网格，突出了党员在网格化工作中的助推作用，很多问题得到了主动快速处理，解决在了萌芽状态，初步实现了小事不出格，大事不出村，事事有人管，件件有落实。

（一）提升了党建工作水平。一是拓宽了党员作用发挥渠道。

网格党小组引导党员参与村民自治，发挥其在促进和谐建设、联系服务群众等方面先锋模范作用。二是强化了农村党员队伍的教育管理。调动网格党员工作的积极性和主动性，分别把工作业绩突出的党员培养成网格长、后备干部、村干部。2013 年全镇新增申请入党人 31 人，新确定入党积极分子 67 人。9 位格长被接收为中共预备党员，26 位格长在两委换届中被选入村两委班子，12 位格长被确定为村后备干部。

（二）促进了农村和谐稳定。各网格党小组组长引导带动广大党员群众带头遵纪守法，积极参与和谐建设，对不稳定因素及时上报并主动协调化解。在拆违打非专项行动中，宁村支委张仕强，格长张秀兰、田玉文在主动拆除自家违建的同时，积极做其他违建当事人工作。今年 1—10 月，镇网格指挥中心共接收各类事件 47300 件，办结 47223 件，办结率 99.84%。特别是在第九届村委会换届选举期间，全镇 28 个行政村，15361 名选民，到站投票 14036 人，占选民总数的 91%，实现了“三高一降一突破”，即：村两委交叉兼职比例、党员的比例、妇女委员的比例较上届明显提高。村主任不是党员的村由原来的 6 个降到 4 个。实现了大学生村官两委交叉兼职的新突破。

（三）发挥了党员模范作用。小组内每名党员都在网格有自己的“责任田”，群众有事要办，直接反映给网格党小组，使百姓足不出村就能享受到医疗、社保、法律咨询等“一站式”服务，真正成为村里综治维稳工作的“防火墙”、两委干部的“好帮手”和人民群众的“贴心人”。

（四）拓展了社情民意反映渠道。县镇包村干部全部纳入所包村网格党小组，变“被动应付”为“主动服务”，实现民情民意征集无死角。1—10 月，共征集群众意见 210 件，村级组织共为群众办好事实事 155 件，党员志愿服务 8257 人次，受益群众 129945 人次。

密云县鼓楼街道积极推进“志愿服务进网格”①

鼓楼街道

（2013 年 11 月）

实施“志愿服务进网格”工程是密云县深化“全社会、多领域、多层次、长效化”志愿服务模式、完善立体分类式网格化社会服务管理工作的重要举措。鼓楼街道通过搭建平台、项目引领、延伸触角等方式，努力探索志愿服务融入网格化社会服务管理，取得明显成效。主要做法是：

一、建立工作平台，完善“志愿服务进网格”组织体系

街道平台。鼓楼街道志愿者分会积极与街道网格化社会服务管理指挥中心对接，及时了解辖区 74 个网格内的志愿服务动态，协调解决重点事项。根据“志愿知识和经验丰富、志愿服务技能过硬、服务业绩突出且得到普遍认可、具有一定影响力、累计志

① 密云县鼓楼街道认真落实全县“志愿服务进网格”工作部署，通过搭建工作平台、开展项目引领、延伸工作触角等方式，探索形成了志愿服务融入网格化社会服务管理的新机制，取得明显成效。本文是此项工作的经验材料，原载于《北京市社会建设信息》2013 年专刊第 16 期。

愿服务时间达1000小时”等条件，开展“十佳志愿者之星”评选活动，激励广大志愿者融入网格服务社会。

网格志愿者工作站平台。积极整合协调基层志愿者力量，参与实施志愿服务进网格项目，为“志愿服务进网格”搭建基层活动平台。依托26个社区、机关所属5个党支部、街道社会福利中心以及8个志愿者基地，建立网格志愿者工作站，调动机关、社区干部参与志愿服务的积极性。

商管协会平台。将辖区内的“两新”组织按所在地划分到网格当中，依托26个社区商管协会动员“两新”组织参与网格志愿服务，共有4200多名会员注册成为志愿者。按区域或者行业推选网格内社会影响力较高、社区参与意识和社会责任意识较强的“两新”组织负责人为商管协会副会长或理事，在相应网格和节点内发挥模范带头作用，助推社区建设。

二、开展项目引领，确保“志愿服务进网格”对接民需

实施助残服务项目帮扶残疾人增收。依托街道职康站，365名助残志愿者与街道残联积极协调社会力量支持，常年开展培训、加工、销售“一条龙”的订单式友好合作，同时利用各种途径，拓宽产品销售渠道，帮助残疾人每人每月增加收入700元。

实施家政服务项目关爱弱势群体。以华宇保洁公司为依托的家政服务基地志愿者，跨网格为辖区军烈属、行动不便的老党员、低保家庭及空巢老人家庭，免费上门开展以擦拭门窗、拆洗被褥、清扫地面等保洁服务120多次，为弱势群体奉献了爱心。

实施健康服务项目提高卫生服务水平。以鼓楼社区卫生服务中心工作人员为主体的“杏林”志愿者服务队，坚持常年在辖区网格内开展健康讲座、义诊及心理咨询等活动，把健康卫生直通

车开进了居民家中。

实施敬老服务项目彰显人文关怀。依托社区商管协会平台，引导商户志愿者入网格服务群众。宾阳里、宾阳西里等社区商管协会志愿者联合向居民发放了爱心卡1200张，并免费为60岁以上老人理发；花园社区商管协会会员金洲门诊部为社区200多名老人提供了义诊服务。辖区养老助残员就近就地为网格内的空巢老人提供上门陪聊、心理慰藉等服务100余人次。

实施育苗服务项目关爱少年儿童成长。以辖区11所幼儿园为依托，组织志愿者定期在网格内开展亲子教育及家教经验座谈活动，让家长们相互交流家庭教育的经验和心得体会，分享与孩子一起成长的快乐，学会在欣赏、赞美中尊重孩子，为少年儿童健康成长创造良好的家庭环境。

三、延伸工作触角，扩大“志愿服务进网格”工作实效

向“两新”组织延伸。在“两新”组织中招募青年志愿者3200人，深入网格开展扶贫帮困、环境清理、义务理发等学雷锋志愿服务410场次，服务居民2974人次，调动了“两新”组织参与网格公益活动的积极性，促进了良好社会关系的形成。

向驻区单位延伸。创新志愿服务载体，与县直机关工委所属的36个党组织深入开展“党员干部进社区——‘时间银行’志愿服务存储卡”活动，依托党员双承诺、党员设岗领责，以及每月8日的“党员服务日”，2000多名县直机关党员进入社区网格开展绿地认养、健身指导、地震讲座、房屋修缮、就业帮扶等各类志愿服务2200余场次，受益群众达50000多人。

向辖区学校延伸。与县青少年宫、二小、三中、四小等教育共建单位联合开展以“小记者”进社区网格采访、为行动不便的

老党员读书送报、参与美化社区环境等为主要内容的志愿服务活动，激励小学生以实际行动践行“北京精神”。

向重点地区延伸。组织志愿者到鼓楼南北、东西大街、沙河早市、华远市场等重点地区、重要部位网格，开展政策法规宣传、公共秩序维护、公共文明引导等志愿服务 85 场次，共同创造规范有序的社会公共秩序。

阶段小结

我县网格化标准体系已通过中央和市级专家评审，被批准为国家级服务业标准化试点。东邵渠镇探索形成了“四合一”农村社会治理新方式，取得明显成效。9月开始，在穆家峪镇、河南寨镇、十里堡镇等5个乡镇进行了推广，初步形成了以网格化体系为基础支撑的农村社会治理新机制。党的十八届三中全会对创新社会治理体制做出了全面部署，强调“创新社会治理，必须着眼于维护最广大人民根本利益，最大限度增加和谐因素，增强社会发展活力，提高社会治理水平，维护国家安全，确保人民安居乐业、社会安定有序”，同时还提出以“网格化管理、社会化服务为方向，健全基层综合服务管理平台，及时反映和协调人民群众各方面各层次利益诉求”。这为我们进一步推动网格化体系向纵深发展、实现社会管理向社会治理转变，提供了重要的理论支撑，也更加坚定了我们在先行先试基础上，以网格化体系为重要平台推动社会治理方式创新的信心。

附录 重要文件选编

密云县开展立体分类式网格化体系建设工作以来，县委、县政府以及县委社会工委、县社会办、县综治办等有关部门制定出台了一系列相关政策文件，为不同阶段推进网格化工作指明了方向、部署了任务。本部分选编了与网格化社会服务管理工作相关的重要文件材料，以供参阅。

中共密云县委
密云县人民政府
关于推进农村网格化社会管理工作的意见

（密发〔2011〕12号，2011年6月22日）

推进农村网格化社会管理工作，是完善党委领导、政府负责、社会协同、公众参与社会管理格局的重要内容，是新时期、新阶段加强和创新社会管理工作的重要载体，是构建具有密云特色社会建设体系、实现社会建设走在全市郊区前列的重要举措。为全面推进全县的农村网格化社会管理工作，现提出如下意见：

一、指导思想

深入贯彻落实科学发展观，认真贯彻中央和北京市关于加强社会建设的一系列指示精神，按照密云生态涵养发展区工作方略的要求，紧紧围绕社会建设走在全市郊区前列的奋斗目标，牢牢把握最大限度激发社会活力、最大限度增加和谐因素、最大限度减少不和谐因素的总体要求，依托“四级平台、六项机制”工作模式，以解决关系人民群众切身利益与影响社会和谐的突出问题为突破口，以完善社会服务为重点，以建设“平安密云”为目标，广泛动员各种社会力量参与农村社会管理服务，为建设“绿色国际休闲之都”创造和谐稳定的社会环境。

二、基本原则

（一）坚持以人为本、服务为先。坚持贯彻党的群众路线，坚持人民主体地位，把做好对人民群众的服务和管理作为推进农村网格化社会管理的根本出发点和落脚点，寓管理于服务之中，在改进服务中加强社会管理，让更多的发展成果惠及广大人民群众。

（二）坚持广泛参与、共建共享。坚持思想上尊重群众、感情上贴近群众、工作上依靠群众，把部门协同、社会参与作为农村网格化社会管理的基本着力点，在基层党委政府的统一领导下，整合、凝聚和有效运用各种人力资源和社会力量，激发广大群众参与农村网格化社会管理的积极性和主动性，努力形成共建共享的良好局面。

（三）坚持因地制宜、有机嵌入。把坚持村民自治与基层党组织、党员发挥作用作为基本要求，将农村网格化社会管理工作有机嵌入到现有的“四级平台、六项机制”中，各职能部门应将基层协管人员的工作安排交由属地政府负责，做到力量资源整合、条块工作结合、工作手段综合、管理服务融合，努力推进农村地区社会管理服务工作创新。

（四）坚持统筹协调、整体推进。把统筹协调、循序渐进作为推行农村网格化社会管理的基本工作方法，针对动态、多元、开放的社会管理需求，区别不同层次、不同区域的管理对象，坚持综合协调、形成合力，系统设计、整体推进，注重发挥群众的首创精神，及时回应人民群众的呼声，不断满足人民群众的需求，实现农村地区的社会和谐。

三、工作内容

（一）合理划分管理网格。充分考虑辖区地形地貌和自然条件，充分考虑居民的居住习惯和生活习惯，本着方便群众、易于管理的原则，以自然村落、土地山场、公路、河流为基本框架，合理划分管理网格，合理确定网格类别，做到管理网格责任区与村、队（组）设置基本吻合，与现行管理体制相一致，实现对农村地区各类人、地、物、事、组织的全覆盖、全时空、立体化、动态化管理。

（二）合理配置网格管理员。整合基层的护林员、保洁员、管水员、护路员、“六护”巡查员、基层党员、村民代表、治安志愿者等各种力量，全部将其配置到管理网格中，做到专业服务与志愿服务充分结合，提高基层自治、自管、自服务能力，确保辖区每一寸土地都有人管，每一项任务都有人落实。

（三）合理确定网格管理员职责。根据农村社会管理工作内容，在充分考量网格管理员原有职责的基础上，突出本地区阶段性工作特点，新增治安巡查、流动人口管理、重点人帮教稳控、人民内部矛盾排查调处、民生服务、违章建设举报等工作职责，努力做到原有职责不变、新增职责合理可行。充分发挥网格管理员的积极主动性，实现对网格内所发生事件的及时发现、及时报告、及时处理、及时反馈。

（四）合理制定网格管理工作流程。充分发挥镇综治维稳工作中心的枢纽作用，依托现有群防群治工作模式，合理确定网格管理员、村级指挥中心、镇级指挥中心的管理权限，从信息搜集、案卷建立、任务派遣、处理反馈、核实结案等环节，规范各类事项从发现、报告、处置到办结各个环节的工作流程，做到第一时间发现问题，第一时间解决问题，实现居民的自我服务和自我管理。

四、工作要求

（一）与加强农村基层党建工作紧密结合。农村网格化社会管理工作要充分发挥基层党组织的领导核心作用和基层自治组织的工作主导作用，各项管理制度的建立应与现行管理体制衔接配套，村级党员小组的设置可适当考虑网格划分，努力做到每个网格中至少有一名党员或村民代表，使农村网格化社会管理工作成为一项新的党建工程。

（二）重视发挥基层党员和村民代表的模范带头作用。开展农村网格化社会管理工作要与党组织党员“双承诺”、农村无职党员设岗定责和村民代表设岗定责活动结合起来，调动基层一切积极因素，使农村网格化社会管理工作成为创先争优活动中的一项民心工程。

（三）大力推进志愿服务。充分发挥群众志愿服务在农村网格化社会管理工作中的作用，激发群众参与志愿服务的热情，做好志愿者宣传发动、招募和注册登记工作，以网格管理为依托，大力拓展社区便民服务、社区卫生服务、社区文化服务、社区治安服务、社区矫正服务、社区帮教安置服务、邻里纠纷调解等志愿服务内容，满足不同层次人们关爱他人、服务社会、展示特长的愿望。

（四）注重发挥现代信息技术的作用。大力推进农村网格化社会管理工作，应重视利用现代信息技术，建立起以手持移动终端和内部局域网互为补充的镇、村两级区域性社会管理信息平台，将辖区内各类社会基础信息全部录入管理信息平台，依托现有的社会面视屏监控系统，实现对网格内的人、地、物、事、组织的精细化管理，不断提高网格管理的效率和精度。

五、保障措施

（一）加强组织领导。各镇党委、政府要从努力实现社会建设走在全市郊区前列的高度，重视农村网格化社会管理工作，将农村网格化社会管理工作纳入经济社会发展总体规划，列入党委和政府工作的重要议事日程，切实推进。各职能部门要积极支持各镇党委、政府，并融入农村网格化社会管理工作中，结合各自职能，既各负其责，又密切配合，将派驻各镇的工作力量全部下沉到网格中，把更多的资源和工作力量向基层聚集，共同推动基层力量的整合、职能服务的综合、工作衔接的配合。充分发挥基层党组织的领导核心作用，充分调动农村社区基层组织的积极主动性，不断激发社会组织的参与自觉性，切实增强农村网格化社会管理工作的合力。

（二）加大资金保障力度。适应社会管理服务的新形势新任务，创新社会管理内容，必须加大财政投入力度，切实保障资金需求。整合存量资金，优化增量安排，逐步实现协管员工资待遇由各镇统一发放，提高社会管理资金的使用效益。健全完善社会建设专项资金投入和管理机制，发挥引导激励作用，优化资金使用管理。

（三）健全考核奖励机制。各镇的网格化社会管理工作纳入全县综治维稳工作考评。鼓励基层在网格化管理框架下开展工作创新，县委县政府采取以奖代补方式对先进单位给予资金倾斜。村级指挥中心的考核应与村级干部“三位一体”的绩效考核评价体系相衔接，提高考核评价的群众基础。各镇要根据网格化管理的实际需要，进一步规范网格管理员的岗位设置、薪酬待遇，建立健全网格管理员的年度考核办法和奖励激励机制，依据年度考核结果和平时举报立功表现及时兑现奖惩。

（四）营造广泛参与氛围。切实加大农村网格化社会管理工作的宣传力度，充分发挥报刊、广播、电视、互联网、户外广告等大众传媒的作用，宣传农村网格化社会管理的先进经验和党员干部服务联系群众的生动案例，让广大群众切身感受到开展农村网格化社会管理工作带来的新变化，形成有利于农村网格化社会管理的良好社会环境，促进社会和谐稳定。

中共密云县委办公室
密云县人民政府办公室
关于发布《北京市密云县网格化社会服务管理标准》的通知

（密办发〔2014〕2号，2014年1月27日）

各镇党委、政府，各街道（地区）党工委、办事处，县委、县政府各部委办局，各人民团体、企事业单位：

《北京市密云县网格化社会服务管理标准》已经十二届县委第48次常委会和县政府第46次常务会议审议通过，现予发布。为推进全县网格化社会服务管理标准体系建设，确保《网格化标准》得到全面贯彻实施，经县委、县政府同意，现就有关事项通知如下：

一、充分认识贯彻实施《网格化标准》的意义和目的

贯彻实施《密云县网格化社会服务管理标准》是创新社会治理方式的重要措施，是推动网格化纵深发展的有效途径，是推进公共服务标准化的重要内容，对构建“有法可依、有标可循、有准可考”的新型工作机制，全面建设社会信用体系和服务型政府、法治政府，具有重要的现实意义。

贯彻实施《网格化标准》，主要目的是：一是促进部门融入。进一步明确各部门职责，推进政务公开，细化、规范各职能部门相关领域工作标准，依托网格化体系推动工作落实。二是推进规范运行。实现网格划分、管理层级、人员配置、运行流程、监督考评等网格化运行各个环节的全县统一，促进各镇街、各职能部门网格化工作依照标准规范运行。三是提高工作效能。各职能部门建立和实施网格化标准，对本部门、本系统已有国标、行标、地标进行再梳理、再分类、再整合，强化标准化意识，提高工作效能。四是激发工作活力。通过标准明确网格运行中各个岗位职责，充分发挥网格员、志愿者在发现处理问题、服务群众和建设社会诚信等方面的能动作用，激发工作活力。五是锻炼人才队伍。通过组织标准化培训和实施各项标准，培养一批基本功强、业务熟练的标准化人才队伍。

二、广泛开展《网格化标准》培训工作

由县委社会工委（社会办）牵头，负责制订《网格化标准》培训方案，组织督促参与标准制订的部门负责实施各分项标准培训工作。培训工作的开展，首先在参与标准制订部门开展内部培训，其次是参与标准制订部门进行交叉互相培训，最后由参与标准制订部门深入各镇街进行培训。各镇街应积极组织自学，主动邀请参与标准制订的部门到镇街指导标准实施工作，并负责组织村（社区）干部、网格化社会服务管理站工作人员和网格员培训。培训工作在2014年4月底前完成。

三、严格做好《网格化标准》规范运行工作

（一）落实综合管理标准体系。各镇街要按照《网格化标准》

对本地区基础网格划分、人员配置、运行管理流程、监督考评机制等方面重新规范。各职能部门要依据融入网格的业务和人员安排，划分本部门的业务网格，明确业务网格与基础网格的关系，建立健全入网格机制和考评措施，严格按照标准要求规范入网格业务流程，明确入网格工作人员职责。

（二）落实业务标准体系。由各分项标准的制订单位负责组织业务标准实施。各镇街、各部门要按照业务标准体系中 36 项标准的要求，认真研究、梳理本地区、本部门服务管理职能，规范融入网格的服务管理事项和工作流程，安排工作人员进入网格开展工作。

（三）充分发挥网格员作用。各职能部门要对进入网格的服务管理事项进行细分类，并依托镇街指挥中心、村（社区）社会服务管理站，引导和动员网格员发挥作用，特别是在环境保护、安全生产、拆除违法违章建设、加强城乡结合部综合治理等方面，充分发挥网格员的作用。各镇街应加大考核奖惩力度，调动网格员工作积极性，配合职能部门知群众所需、解群众所急。

四、大力推进国家级服务业标准化试点建设

我县网格化社会管理服务标准试点被国家标准化管理委员会确定为 2013 年度国家级服务业标准化试点项目，项目执行时间为 2014 年 1 月 1 日至 2015 年 12 月 31 日。为推进国家级服务业标准化试点建设，各分项标准的制订部门在负责牵头实施该项标准的过程中，要不断总结经验、发现不足，对所负责的标准内容及时补充和修订。未参与起草标准的部门要根据工作需要和群众需求，研究起草本部门所需补充的网格化标准。各单位要在 2014 年 10 月 31 日前将修订建议、补充标准，提交县委社会工委（社会办），由其对网格化标准进行二次修订，确保 2015 年底通过国

家级服务业标准化试点验收。

五、切实加强贯彻实施《网格化标准》的组织保障工作

（一）强化组织领导。各镇街、各部门要将贯彻实施网格化标准列入本单位社会治理的中心工作，明确由主要领导负责，分管领导牵头，成立工作班子，制定详细可行的工作方案，按照时间节点完成任务。

（二）注重宣传引导。宣传部门要加大对此项工作的宣传引导力度，注重对在《网格化标准》贯彻实施过程中，涌现出的成效显著的单位、业绩突出的个人，及时进行宣传报道，提高全县干部群众对此项工作的使命感和认同感，提高工作积极性和主动性，在全县营造贯彻实施《网格化标准》的良好氛围。

（三）加强监督考评。由县政府办公室对各职能部门网格化标准贯彻实施情况进行监督考核，由县社会办、县综治办牵头负责对各镇街网格化标准贯彻实施情况进行监督考核。考核采取平时考核、季度考核和年终考核相结合的方式进行，考评结果定期向县委、县政府主要领导、主管领导和有关部门反馈。

关于加快推进网格化社会服务管理工作实施方案

（密社领办发〔2011〕15号，2011年11月29日）

为认真贯彻落实中央关于创新社会管理的要求和市委书记刘淇在我县调研网格化社会服务管理工作重要指示精神，加快推进我县网格化社会服务管理工作，维护社会和谐稳定，根据北京市《关于加强和创新社会管理全面推进社会建设的意见》、县委县政府《关于推进农村网格化社会管理工作的意见》，结合密云实际，提出如下实施方案。

一、指导思想和目标

指导思想：贯彻落实市委十届九次全会精神和刘淇同志重要指示精神，紧紧围绕“三个走在前列”奋斗目标和“绿色国际休闲之都”发展定位，以完善社会服务、创新社会管理、动员社会参与、优化社会环境、构建社会和谐为主线，着力创新体制机制，以网格化社会服务管理工作为依托，建立起以网格为载体，以信息技术为支撑，以健全责任制为核心，以整合服务管理职能和优化工作流程为重点的工作架构和运行机制，进一步提升社会服务管理的科学化、智能化、精细化水平。

工作目标：通过网格化社会服务管理工作，实现社会服务更加完善、社会管理更加科学、社会动员更加广泛、社会环境更加文明、社会关系更加和谐的社会建设总体目标，使密云的社会建设务力走在全市郊区前列。到2012年6月，全面建立网格化社会服务管理工作体系，为全国“两会”和党的十八大成功召开营造和谐稳定的社会环境。

二、基本原则

（一）全面覆盖，无缝衔接。空间上实现全地域覆盖，服务管理工作无缝衔接；时间上实现全天候覆盖，特别是重大突发事件，做到及时发现、先期处置。

（二）职能下移，触角延伸。相关职能部门要把工作力量延伸到网格，使问题发现在网格，事件解决在网格。

（三）重在整合，协调联动。充分发挥村（社区）和各职能部门基层站所作用，通过网格实现职能整合、工作整合、信息整合、力量整合，使网格成为各部门的工作平台。

（四）明确责任，强化监督。建立明晰的责任体系，细化职责任务，在网格内实行任务完成、事件解决的核查反馈机制。县、镇（街道、地区）、村（社区）指挥平台实行自上而下的考核。

（五）结合实际，注重创新。各镇（街道、地区）要根据辖区经济社会发展实际，在借鉴试点镇经验的基础上，创造性地提出工作思路和具体措施，并在实践中检验成果。

三、工作内容

（一）建立组织体系。建立县、镇（街道、地区）、村（社区）三级组织机构和指挥平台，实施县、镇（街道、地区）、村（社区）、网格、节点五级管理。县级层面：成立县社会服务管理综合指挥中心，主要承担全县社会服务管理信息收集、任务分派、督查考核三大职能。镇（街道、地区）级层面：建立网格化社会服务管理工作领导小组，下设指挥中心。领导小组和指挥中心要定期召开联席会议，总结工作，协调解决网格社会管理员反映的问题，结合各个重要时段研究部署当前工作。村（社区）级层面：各村（社区）建立社区服务管理站，由党组织负责人任站长，负责辖区内网格化社会服务管理工作。划分管理网格：根据辖区面积、人口规模、服务管理事项，在县城地区根据楼宇、商业街区、重点路段划分基础网格；在农村地区结合村庄、农地、山场、景区、工业区等空间分布特点划分基础网格。实现网格化社会服务管理全域覆盖，网格之间要无缝隙对接，并与现有行政村（社区）管理体制相衔接。突出重要管理节点：在网格内加强重点地区、重点部位、重点人员管理。

（二）明确职责和任务。各镇（街道、地区）要把社会服务管理的各项工作，特别是与人民群众生活密切相关的服务管理事项落实到网格化工作中。主要包括：

1. 维护治安秩序。开展安全防范宣传教育，组织群防群治活动；严格网格内行业、场所及危险物品管理，开展治安检查，督促落实防范措施；协助办理网格内各类治安、刑事案件。

2. 管理实有人口。全面准确登记网格实有人口，了解掌握基本情况，特别是出租房屋和流动人口的动态情况；掌握社区服刑、刑释解教等重点人群的表现，整合形成专群结合的力量，落实监督管理和帮教工作；了解困难群众和特殊人群的困难和服务需求。

3. 排查化解矛盾。定期排查网格内矛盾纠纷，及时发现并报告苗头性事件，组织开展矛盾化解工作，帮助调解邻里纠纷和家庭矛盾。

4. 保护生态环境。切实发挥“六护”机制作用，将护水、护河、护山、护林、护地、护环境工作纳入网格化管理。

5. 打击盗采盗运。在有铁矿、砂石料等资源的网格及其运输通道和路口，重点进行监控，发现问题及时上报，严格落实责任制，严厉打击盗采盗运行为，保护生态环境。

6. 加强产业服务。充分发挥社会管理员的服务职能，将保障企业发展、促进农民增收致富、服务旅游及民俗产业纳入网格化社会服务工作。

7. 反映群众诉求。坚持入户制度，了解社情民意，反映群众诉求，帮助排忧解难，代理居民信访。

8. 提供社会服务。开展文化教育、劳动就业、社会保障、社会救助、医疗卫生、计划生育、体育健身、养老助残等公共服务工作；推进便利服务，组织协调公益服务。

9. 巡查市政市容。巡查发现市政设施、市容环境、环保绿化节能等方面的问题，协调解决或上报指挥平台，配合开展治理工作。

10. 开展志愿服务。依托村（社区）志愿服务站，组织“六护”志愿者、文化志愿者、治安志愿者、党员志愿者等组团入格，在网格内开展志愿服务活动。

11. 开展党建工作。以“创先争优”活动为载体，广泛开展党员“双承诺”活动和党员设岗领责，在网格内充分发挥党员先锋模范作用；以党建工作为引领，加强与新经济组织和社会组织的联系，引导“两新”组织在所属网格内参与社会服务管理。

12. 引导社会参与。组织开展工会、共青团、妇联活动，培育村（社区）社会组织；开展群众性精神文明创建活动，营造文明的社会环境。

（三）整合各方力量。根据网格化社会服务管理内容，整合现有服务管理力量，做到网格社会管理员主责明确、副责合理可行。

1. 整合各类人员

(1) 整合“六护”人员。包括生态林管护员、保洁员、管水员进入网格，赋予相应职能，使其在做好“六护”工作的同时协助做好其他社会服务管理工作。

(2) 整合部门协管员。主要是职能部门派驻各镇的工作人员以及治安、司法、流管、社会保障、矿管等协管员队伍，按照职能类别将其灵活配置到网格单元中。

(3) 整合党员和骨干。积极发挥党员、村民代表、村民组长、楼门长的模范带头作用，每个网格中配置一定数量的党员或村民代表，鼓励有能力、责任心强的党员或楼门长担任网格格长；调动大学生社区工作者和村官力量，负责网格基础信息采集、统计、上报等工作。

(4) 发挥志愿者作用。根据“全社会、多领域、多层次、长效化”的密云志愿服务模式，依托县、镇（街道、地区）、村（社区）三级联动的志愿服务组织网络平台，建立以保护生态环境、农民增收致富、便民、文化、治安、邻里纠纷调解、抢险救灾等志愿服务为内容的志愿服务队伍，进入网格参与服务管理工作。

2. 实施分级负责。镇（街道、地区）领导干部包片包村，担任责任网格协调指导员；职能科室依托协管力量，将分管职能全部或部分下沉到网格；机关干部严格落实包村责任制，帮助村（社区）社会服务管理站协调解决各类事务；村（居）民小组长、党员、享受公益岗位人员等骨干任网格格长，对所辖网格负责。

3. 职能部门服务管理内容下沉至网格。落实县级职能部门分工包片机制，实施领导干部包片，科室包镇（街道、地区），机关工作人员入格了解情况、指导业务。细化职责，突出管理，强化服务，将职能部门服务管理内容与网格化社会服务管理工作对接，使服务落实到基层，将网格反映问题解决在基层。

(四) 健全运行机制

1. 技术支撑体系建设

（1）完善内网、通讯、视频平台建设。依托政府内网，建立网格基础信息数据库和信息传输平台。设立统一指挥电话，为网格社会管理员配发通讯设备或提供通讯补贴，畅通信息报送渠道。依托视频监控系统，建立重要管理节点的信息发现、采集平台。

（2）建立信息采集维护机制。建立全面、准确、及时的信息采集维护机制，做到随时掌握、及时更新、月末核查。城区以网格为单元，搜集掌握人、地、物、组织的基础信息，乡镇以村庄为单位，采集村庄、农地、山场网格基础信息，统筹建立辖区社会服务管理综合数据库。由大学生社区工作者或村官担任社区、村网格信息统计员，指挥中心安排专人，负责辖区网格各类信息审核、更新及上报工作。

2. 建立工作运行机制

（1）问题源头发现机制。要充分运用多种技术手段，拓展发现问题的渠道。社会管理员在所属网格巡查，每次巡查结果要通报网格格长并备案。在巡查中发现的问题、隐患要及时解决，不能解决的要及时上报至社会服务管理站或指挥中心。

（2）任务协调处置机制。网格格长是本网格社会服务管理工作的指挥者、组织者。通过各种渠道了解的诉求、发现的问题隐患，派遣到相关社会管理员，或组织协调相关社会管理员集体处理解决。同时，格长负责本网格事务的对外协调、联络工作。

（3）分层处理解决机制。对于了解的诉求和发现的问题隐患，按照职责要求及时处理，不能解决的自下而上依次报上一级指挥平台。指挥中心负责上报信息的处理、分派工作，及时将上报情况分派给相关职能部门解决，并将解决结果及时反馈至网格。

（4）任务完成反馈机制。服务管理部门人员接受指挥中心分派的任务后，要在规定时限内将完成情况反馈至指挥中心，如不能解决或需延时解决，要说明原因。社会管理员上报情况后，要在规定时限内将处理结果反馈至指挥中心。同时，指挥中心要将服务管理部门的处理意见反馈给社会管理员。

（五）强化考核监督。加强对镇（街道、地区）网格化社会服务管理工作的监督考核，定期公布监督评价结果，并纳入党政领导班子考核内容。各镇（街道、地区）要根据网格类型分类制定社会管理员职责，对辖区社会管理员的培训、工资福利、考核、奖惩等做出具体规定。建立健全社会管理员的年度考核办法和奖励激励机制，依据年度考核结果和平时举报立功表现及时兑现奖惩。

四、工作标准

（一）落实“八个一”标准

1. 要认真研究，制定一套符合各镇（街道、地区）实际的网格化社会服务管理规范性文件，包括工作意见、机构组成和职责、人员分工等。

2. 根据辖区地域特点，标绘一幅清晰明了的网格管理图，管理图要科学划分村庄（社区）、山场、农地、景区、工业区等网格，标识要准确清晰易懂。

3. 根据各镇（街道、地区）实际，整合保洁员、管水员、“六护”巡查员、村（社区）两委干部、党员、村民（居民）代表、大学生村官、社区工作者、志愿者等社会力量，建立一支一岗多责、一专多能的社会管理员队伍。

4. 配发一本简明易用的网格社会服务管理员工作手册。在手册中明确网格社会管理员岗位职责，记录其所辖网格基础信息，包括四至、管理和服务对象、重点管理部位等内容，便于社会管理员随时查阅并熟练掌握。

5. 制定一套科学简便有效的网格管理流程，严格按照程序开展网格化社会服务管理工作。

6. 建立一个简便实用的信息平台，为网格管理员上报各类信息、镇（街道、地区）村（社区）两级网格管理机构处理信息提供技术支撑，提高网格化社会服务管理的工作效率。

7. 建立一套完备规范的网格管理基础台账。详细记录各网格发生的治安、盗采盗运、矛盾纠纷等情况及处理措施，记录群众向各级网格管理机构反映的情况和问题。

8. 建立一套切实可行的年度考核办法和奖励机制，并严格落实，充分调动社会管理员开展网格化社会服务管理工作的主动性和积极性。

各镇（街道、地区）要严格按照要求抓好落实，并将网格管理图、机构组成情况、社会管理员职责、网格管理流程等内容全部上墙，增强规范性和可看性。

（二）做到六个规范

1. 镇级网格化管理机构名称统一规范为“××镇农村网格化社会服务管理指挥中心”，如东邵渠镇农村网格化社会服务管理指挥中心。街道（地区）网格化管理机构名称统一规范为“××街道（地区）网格化社会服务管理指挥中心”。

2. 镇（街道、地区）综治维稳中心统一规范名称为“××镇（街道）综治维稳工作中心”，如东邵渠镇综治维稳工作中心。

3. 村级机构名称统一规范为“××村社会服务管理站”，如太保庄村社会服务管理站。社区机构名称统一规范为“××社区服务管理站”。

4. 网格管理人员名称统一规范为“社会管理员”。

5. 统一规范网格编码规则。农村地区网格编码由两部分组成，第一部分是该网格分类情况简称，由2个拼音字母组成，其中村庄网格为CZ，农地网格为ND，山场网格为SC，景区网格为JQ，工业区为GY。第二部分以镇为单位统一编号。如东邵渠镇农地网格编码为ND001、ND002等；山场网格编码为SC001、SC002等。原则上各镇不再划分其他类型网格。

街道（地区）网格编码由两部分组成，第一部分是该网格所属街道（地区）简称，由2个字母组成，其中鼓楼街道为GL，果园街道为GY，檀营地区为TY；第二部分以街道（地区）为单位统一编号。如鼓楼街道网格编码为GL001、GL002等。

6. 规范基础数据。街道、开发区要全面掌握网格内人、地、物、组织的基本情况，各镇要全面掌握村庄、农地、山场、景区等网格基本情况，做好相关基础数据的采集、录入、更新和维护工作（所需采集数据详见附表）。

（三）统一运行模式

1. 各镇（街道、地区）网格化社会服务管理指挥中心要与综治维稳工作中心合署办公，原则上建在各镇（街道、地区）派出所。如另行选址，视频信号必须接入镇（街道、地区）级指挥中心，并安排专人值守，记录社会管理员上报的各类信息并按照流程及时处理。

2. 指挥中心电子网格基本情况要与网格管理图相一致，并细化、完善各网格基本情况，明确村庄（社区）、山场、农地等网格与行政村（社区）归属关系，明确服务管理内容及社会管理员人员和职责范围。

五、进度安排

按照“总体规划、分步实施、全面推进、注重实效”的原则，将加快推进网格化社会服务管理工作划分为三个阶段：

（一）2011年12月31日前为整体推进阶段。各镇（街道、地区）要严格落实“八个一”标准，做到六个规范，统一运行模式。重点理顺体制机制，建立网格化社会服务管理工作机构，结合实际划分网格，完成人员队伍整合，全面实施网格化社会服务管理工作。

（二）2012年2月29日前为规范和完善阶段。为确保全国“两会”顺利召开，各镇（街道、地区）要完成基础信息采集工作，建立网格信息综合数据库，完善工作流程，理顺工作职责，确保网格化社会服务管理工作取得实效。

（三）2012年6月30日前为全面检查验收阶段。县职能部门和镇（街道、地区）深入参与网格化社会服务管理工作，以此项工作为引领，带动社会建设和生态建设各项工作，为经济发展、社会稳定、生态文明营造和谐的社会环境，确保党的十八大成功召开。

六、工作要求

（一）加强组织领导。各级党委和政府要进一步统一思想、提高认识、转变思路，把这项工作纳入党委和政府的重要议事日程，并作为“一把手工程”组织实施。要明确主要领导负责、主管领导牵头，成立工作班子，制订工作计划，提出这项工作的路线图和时间表，按照要求完成任务。各职能部门和镇（街道、地区）职能科室要按照职责分工，提出网格化社会服务管理的工作措施和行动计划，并以此为契机将社会管理创新工作引向深入。

（二）加强工作保障。要做好机关工作人员、村（社区）两委班子和社会管理员培训工作，使之认清此项工作的重要性和紧迫性，提升他们履行职能的能力和水平。镇（街道、地区）应设立网格化专项经费，加大资金投入力度，为平台建设、人员培训和奖励、日常运行提供资金保障。

（三）加强宣传引导。广泛宣传网格化社会服务管理工作的先进经验和党员干部服务联系群众的生动案例，让广大群众切身感受到开展此项工作带来的新变化，增强群众的认同感，吸引群众积极参与，形成有利于网格化社会服务管理的良好社会环境，促进社会和谐稳定。

关于县综治委成员单位融入网格化社会服务管理工作的指导意见

（密综治委〔2013〕7号，2013年3月29日）

为深入贯彻落实市委和县委、县政府关于加强和创新社会管理、进一步推进网格化社会服务管理体系建设的要求，县综治委以基层需求为导向，以服务群众为重点，组织成员单位科学有序的融入网格化社会服务管理，不断提高职能部门新形势下深入基层、服务群众工作的能力和水平。为开展好此项工作，制定如下指导意见。

一、指导思想

以网格化社会服务管理信息系统为平台，以精细化、规范化、信息化、科学化管理为目标，着眼职能部门工作实际，科学合理划分业务网格，实现业务网格与基础网格有效对接，把服务事项体现到网格、实名制力量配置到网格、为民服务落实到网格，通过成员单位积极融入网格化社会服务管理体系，逐步推进各单位服务职能向基层延伸，服务事项在基层落实。

二、工作原则

（一）坚持统筹协调。职能部门进网格开展工作，是今后我县社会管理工作的重中之重。各成员单位要提高认识，统一思想，切实把自身职能融入网格、下沉到基层，通过下沉力量，下移重心，做到“工作开展在网格、民情掌握在网格、矛盾化解在网格、服务群众在网格”，零距离贴近基层群众，实现社会服务管理的扁平化。

（二）坚持实事求是。各单位根据各自职能和实际情况，积极探索创新，按照方便群众、易于管理的原则，合理划分业务网格，将业务开展情况与基础网格的实际相结合，共同构成立体分类式网格。实名制配置网格人员，明确进格人员职责和工作流程。把群众满意作为检验工作实效的重要标准，做到真实反映基层民意，积极为民排忧解难。

（三）坚持服务群众。把服务群众作为履行职能的出发点和落脚点，职能部门要通过向群众公开网格服务事项（工作依据、内容、时限）、管理职能、入格人员联系电话等方式，建立主动、精细、零距离的为民服务机制，解决群众诉求，满足群众需要，密切干群关系，使网格化管理真正与民生对接。

三、工作内容

（一）建立网格组织体系

建立健全综治成员单位主要领导统揽全局、副职领导包片、科级干部包村（社区）、一般干部包业务网格的组织体系，形成四级联动工作格局。结合部门实际，科级以下干部进网格可以采取“一人一格”或“一人多格”的方式进行。

（二）合理划分业务网格

结合业务工作实际情况，科学划分各自的业务网格，规范网格内服务管理内容标准和落实时限，依托基础网格及时有效处置自身业务范围内的各类事件，实现业务网格与基础网格的无缝对接。

（三）科学配置网格力量

按照一人一格或一人多格的要求，结合工作性质和工作重点，将所属单位工作人员科学合理地编配到业务网格中，在单位和网格内实名制公布网格责任人的各类信息，把社会服务管理职责落实到网格，确保社会服务管理全覆盖。

（四）搭建信息系统平台

按照县网格指挥中心的要求，结合工作实际，建立信息采集、源头发现报告、任务受领、分层处置、监督保障等运行机制于一体的信息系统平台，与县网格化社会服务管理信息平台互联互通，实现全程智能化闭环管理。

（五）明确网格工作职责

1. 各成员单位主要领导应站在全局高度，研究制订本单位进网格的工作方案和具体措施；做好与县网格化社会服务管理指挥中心和各镇街（地区）党（工）委、政府（办事处）的协调、沟通、衔接，并建立健全奖惩机制，将工作情况列入本单位年度责任制进行考核。

2. 各成员单位主管副职领导应全程跟进融入镇街网格管理工作的具体部署，组织督办各部门落实各项工作职责；发现、培养、树立典型，落实督办网格闭环处理流程。

3. 科级干部应结合业务工作，按照一人一格或一人多格的原则，组织落实好所属力量进网格工作，解决工作中存在的具体问题。

4. 一般干部应结合业务工作，根据部门的具体安排，积极融入网格，认真履行职责，主动做好所负责网格内的社会服务管理工作。

四、工作考核

此项工作列入年度社会管理综合治理考核内容。县委县政府督查室和县综治委“平安创建”督查组将分阶段对各单位落实“进网格”情况进行督查检查。县委县政府将每季度开展网格化社会服务管理优秀工作人员和优秀单位评选活动，年底进行表彰奖励。

五、工作要求

（一）加强组织领导。各成员单位要高度重视此项工作，依据本指导意见，结合工作职能，精心制定融入网格化社会服务管理的工作方案，成立工作领导小组，及时召开动员部署大会，迅速开展工作，确实做到有组织领导、有红头文件、有闭环流程、有动员大会、有考核奖惩。

（二）加强监督考核。各单位要结合年底党政机关事业单位干部考核，制定详细的进网格人员的考核奖惩措施，明确工作责任，推广先进经验。

（三）加强工作推进。各单位要于 4 月底前完成规定动作，6 月底前见到工作成效并培育推树一批典型。请各单位于 4 月 29 日前向县综治办报送详尽的工作方案。

密云县“志愿服务进网格工程”推进工作方案

（密志联字〔2012〕11号，2012年10月10日）

为贯彻落实市委市政府全市网格化社会服务管理体系建设大会精神和密云县加快推进网格化社会服务管理体系建设的要求，深化“全社会、多领域、多层次、长效化”志愿服务模式，进一步系统推进志愿服务融入网格，全面提升我县志愿服务工作科学化、精细化、实效化水平，特制定本方案。

一、工作目标

按照全县构建立体分类式网格化社会服务管理体系的总体部署，紧密围绕全县中心工作和群众需求，积极整合工作力量，发挥各理事单位、各级各类志愿者组织职能作用和特色优势，依托网格化管理系统精心设计志愿服务项目，将志愿服务力量及作用发挥融入网格、下沉到基层，做到“平台搭建进网格、项目设计进网格、认岗领责进网格、供需对接进网格、活动开展进网格、服务群众进网格”。确保每个网格内都有志愿者服务团队、个人和项目，志愿服务项目更加科学、系统、规范，志愿服务更贴近实际、更顺应民意、更符合民需，使志愿服务成为加强和创新社会服务管理、促进社会和谐稳定的一支重要力量。

二、基本原则

1. 总体设计，全面推进。党委政府加强对志愿服务的领导与组织协调力度，发挥三级平台主体作用。县志愿者联合会总体统筹推进全县志愿服务进网格工作；各镇街、开发区分会、县直各部门、人民团体及企事业单位服务队负责本辖区（单位）志愿服务进网格工作推动和具体落实；各社区、村志愿服务站（基地）做到掌握供需信息、落实工作对接、参与项目实施。

2. 项目引领，有机嵌入。立足本地区、本单位实际，以项目为牵引扎实推进志愿服务进网格活动，以需求为导向抓好项目设计、申报和发布，以取得实效为重点抓好项目实施和运行，建立长效机制，抓好项目的总结提升，带动志愿者组织、志愿者有机嵌入网格。

3. 广泛参与，服务群众。把各部门协同、全社会参与作为志愿服务进网格的着力点，努力做到全地域覆盖、无缝隙衔接。整合、凝聚和有效运用各种人力资源和社会力量，激发广大志愿者的积极性和主动性，努力形成共建共享的良好局面。

4. 结合实际，注重创新。结合地域、部门、行业实际，主动发挥自身优势，创造性地提出工作思路和具体措施，并在实践中检验成果，注重志愿服务品牌打造，增强志愿服务的吸引力和影响力。

三、主要任务

（一）科学分类，构筑多领域项目体系

在巩固传承原有项目的基础上，坚持“党政所望、社会所需、群众所求、志愿者能为”的原则，紧扣全县工作大局，科学

划分类别、拓展服务领域、丰富服务内涵，着力开发重点项目和特色项目，逐步形成覆盖全县、符合社会需求的项目体系，进入网格开展志愿服务活动。当前重点要在五个方面大力推进项目建设。

1. 安保维稳类志愿服务进网格。围绕安保维稳设计实施治安巡防、安全防范教育、安全生产排查、流动人口和出租房屋服务管理、帮教安置、矛盾调处、交通秩序维护、重点节庆活动保卫以及其他社会氛围营造等志愿服务项目。充分发挥治安志愿者力量，协助网格社会管理员和专业部门加强治安防范，完善群防群治网络，维护辖区社会稳定。发挥广大志愿者来自群众、贴近群众、联系群众的优势，成为"及时发现不稳定因素、协助应急协调处置、有效化解矛盾纠纷"的一线维稳生力军。

2. 便民服务类志愿服务进网格。围绕便民服务设计实施法律咨询、政策咨询、医疗救护、计生服务、心理辅导、旅游服务、养老服务、科普宣传等志愿服务项目。开发文明礼仪培训宣传、公共文明引导、绿色出行、文明交通等普及文明风尚的志愿服务项目，传播文明理念，倡导团结互助精神，把"北京精神"、"雷锋精神"社会主义核心价值体系之魂融入网格社会活动、社会生产之中，用正能量引导人们知礼仪、重礼节、讲道德，争做文明市民。各职能部门、窗口行业干部职工要通过开展志愿服务，延伸公共服务和便民服务成果，要在"门前三包"、治理违章等群众体会明显、感受真切的工作方面首先实现突破，见成果、见实效。公、检、法、司等单位志愿服务队要结合"政法力量进网格"，推进本系统志愿服务进网格。税务、工商、民政、人力社保等职能部门志愿服务队要进入网格，深入企业、社区（村）开展便民志愿服务。

3. 民生促进类志愿服务进网格。围绕民生促进设计实施群众文化、助学支教、健康促进、科技推广、产业帮扶、劳动就业、权益维护、技能培训，以及扶老助残、扶贫助困、孤寡关爱、关心农民工子女和留守儿童、义务献血等公益性志愿服务项目。深化县直机关“三进四帮扶”、工商联企业家对接贫困户等品牌项目，助力农民增收工程；卫生、体育等单位志愿服务队要进入网格指导基层医疗和群众健身，助力农民健康工程；农委、住建委、民政等单位志愿服务队要进入网格协助山区农户搬迁和危旧房改造，助力农民安居工程。注重发挥广大职工志愿者作用，开展技术创新活动，助力经济发展。

4. 生态保护类志愿服务进网格。围绕生态保护设计实施“六护”、节能减排、环保宣传、节水护绿、亮化美化、环境卫生清理、垃圾减量分类等志愿服务项目。专业部门的保水护矿志愿服务队要进入网格，主动承担山场网格、河流网格的业务指导和宣传培训职能。基层“六护”志愿者要在重点区域认领网格志愿岗，协助专业部门做好保水护矿工作，保护好人居环境和生态环境。

5. 应急救援类志愿服务进网格。围绕应急救援设计实施防灾避险、疏散安置、急救技能、公共安全与突发事件应对知识的宣教和普及等志愿服务项目。消防、林业、水务、市政、民防、地震、卫生、公路、电力、电信等单位的专业应急志愿服务队伍，要随时准备参与重大自然灾害和突发事件的抢险救援、卫生防疫、群众安置、设施抢修和心理安抚等工作，提高社会和公众的公共安全意识与应急处置能力。

（二）认岗领责，主动发挥特色优势

各单位、各部门志愿服务队要积极行动，充分利用县网格化信息平台建设成果，与镇街实现对接，将责任落实到网格，将活动开展进网格。县志愿者联合会将发挥统筹协调作用，促成属地、县直部门、“枢纽”和“两新”组织三个层面志愿服务力量

认领网格、进入网格。

属地志愿服务进网格：各镇街、开发区分会要做好与辖区网格化社会服务管理指挥中心的对接，组织好区域内志愿服务项目网格内实施、志愿服务队伍活动网格内开展，形成志愿服务属地微循环。同时，将基层网格打造成志愿服务的终端平台，做到“三有”，即有专人负责志愿服务工作，有志愿者、志愿服务需求、志愿服务项目台账，有一套涵盖志愿服务计时等内容的志愿服务管理的机制。各镇街要将包村、包社区工作与志愿服务进网格工作紧密结合，组织广大包村、包社区干部在认真履行工作职责的同时，积极开展志愿服务，争当志愿服务进网格工作的表率。

县直部门志愿服务进网格：县直各职能部门志愿服务队要采取包片包区、包镇包村等方式合理划分业务网格，结合自身承担的社会服务管理职能和人员力量，开发志愿服务项目，主动认岗领责，做到全员行动，成为开展志愿活动的“指挥员”、上传下达的“联络员”和亲力亲为的“服务员”。同时，各镇街志愿者分会要结合需求积极与各单位、各部门联系对接、进入网格。

“枢纽”和“两新”组织志愿服务进网格：工会、团委、妇联、科协、残联、红十字会等单位要充分发挥枢纽型社会组织作用，在组织本系统志愿服务力量下沉网格的同时，引领所属领域社会组织开发志愿服务项目进入网格开展活动。各企业单位志愿服务队要结合行业特点和人员情况，与网格结对，发挥特长积极主动开展志愿服务活动。

（三）精细梳理，建立三本工作台账

各镇街、开发区分会要精细梳理辖区志愿服务开展情况，准确了解突出的志愿服务需求，以网格为单位建立三本工作台账，即：（1）《网格志愿服务需求工作台账》，按类别、领域系统掌握网格内志愿服务需求，尤其是需外部提供支持的志愿服务需求；(2)《网格重点志愿服务对象工作台账》，全面掌握网格内老、弱、病、残及困难群众等需经常、重点提供志愿服务的弱势群体情况；(3)《网格志愿服务活动开展工作台账》，准确掌握网格内志愿者人数、类别，已开展志愿服务项目及成效。通过建立三本工作台账，为属地、县直部门、“枢纽”和“两新”组织各层面志愿服务进网格开展活动提供准确依据，实现服务的高效送达。

（四）搭建平台，实现供需之间有机对接

建立统一的志愿服务信息交互平台，保证志愿服务项目与满足公众需求、方便公众参与的上下贯通、无缝对接。

确定一名“网格志愿服务引导员”。各镇街分会要在每个网格中优选一名热心志愿服务事业、工作责任心强、有一定协调发动能力的社区志愿者，确定为“网格志愿服务引导员”，发挥三项作用，即：带领网格内志愿服务队和志愿者实施志愿服务项目，开展志愿服务活动；及时了解掌握网格内志愿服务供需信息；协调对接外部志愿者组织进入网格，开展活动。各镇街分会要对引导员开展工作提供支持，使每名引导员成为志愿服务信息交互的桥梁和纽带。

编制一本《网格志愿服务项目名录》。县志愿者联合会将建立志愿服务项目发布平台，在各级志愿者组织上报、集中统计、汇总的基础上形成志愿服务项目库，编制《密云县网格志愿服务项目名录》，对全县网格志愿服务项目类别、实施机构、服务对象及内容进行公开发布，在方便公众参与的同时，有效提高项目的辐射力和影响力。

形成一套工作机制。镇街和各职能部门要通过联席会议等方式建立常态化沟通交流机制，做好配合协调，围绕“加强服务、促进管理、保障维稳”三个着力点，共同制定具体的落实措施，形成长效机制和长效服务体系，真正做到在服务中促进管理，在管理中体现服务。有效运用区域化党建成果，统筹辖区各方力量，以共建共促为引领，激发广大干部职工和社区志愿者的归属感、认同感、责任感，形成全员履职、人人参与的志愿服务工作局面。

（五）打造品牌，推进志愿服务进网格长效化运行

在推进志愿服务进网格工作过程中，各单位要勇于创新，不断探索成熟经验和典型做法，形成一批可看、可学、可研究、可推广的志愿服务模式。要注重转化运行社会服务管理创新建设成果，有效融入“一刻钟社区服务圈”、“电子保姆”等经验做法，拓宽服务平台和渠道。要精心打造特色活动品牌，形成全局活跃、亮点突出、社会认同、党政满意的实施效果。县志愿者联合会将选取一批具有行业特点、领域特色、影响力大和示范性强的项目作为重点培育对象，打造成为全县志愿者服务品牌项目；优选一批基础工作扎实、活动开展常态、群众满意度高的社区(村)，创建成为全县“网格志愿服务示范点”。在基层创造亮点，在基层创新思路，发挥典型引路作用，全面提升志愿服务进网格的质量和水平，推进工作长效化运行。

四、工作要求

1. 信息定点收集。“网格志愿服务引导员”及各单位认领网格责任人要成为网格民情联络员，定期深入所属网格，收集志愿服务需求等有关情况，按需协调、对接志愿服务活动。

2. 活动定时开展。要按照网格志愿服务需求，以本单位志愿服务项目为依托，定期开展志愿服务进网格活动，注重活动实效。

3. 项目定人负责。每个志愿服务项目要指定专人负责与网格的对接和组织开展活动，做好服务时长等情况记录。

4. 效果定期回馈。要定期对本单位志愿服务进网格工作进行总结，认真听取群众意见，查找问题和不足，及时加以改进。

五、保障措施

1. 加强组织领导。志愿服务进网格是助推全县立体分类式网格化工作，深化密云志愿服务模式的重要举措。各级志愿者组织要高度重视、高水平谋划，深入推进工作开展。同时，各理事单位要认真研究确定本单位志愿服务进网格工作实施方案，于10月30日前上报县志愿者联合会。

2. 健全考核评价机制。各理事单位要按照有安排、有落实、有督促、有检查的要求，以组织评价、服务对象评价为依据，以服务时间和服务质量为主要内容，对志愿服务进网格工作开展情况进行检查评定，确保取得实效。县志愿者联合会将汇总有关情况，作为县级星级志愿者认定、表彰和评优评先的重要依据。各单位要对表现突出的志愿者给予相应表彰奖励。

3. 强化工作保障。充分发挥政府投入的引导作用，通过政府购买服务等方式，为志愿服务项目提供必要的资金支持。积极鼓励企事业单位和公民个人对志愿服务活动进行资助，形成多渠道、社会化的筹资机制。探索建立志愿者的工作保障机制，适时、适当给予人身意外伤害保险、交通及通讯补贴等相关支持。

4. 完善服务记录。要如实记录项目内容、实施效果、参与人员、服务时长等情况，按照《关于开展志愿服务时长录入工作的通知》的要求做好志愿者服务时长的录入工作。

5. 加大宣传力度。要充分利用电视、网络、报刊、广播等媒体，宣传“志愿服务进网格”工作。对涌现出的先进个人、志愿服务项目及时进行宣传报道，营造各级各类志愿者组织和广大志愿者主动融入网格开展志愿服务的浓厚氛围。及时总结工作中形成的好经验、好做法，上报县志愿者联合会。